JN092556

ドイツ語の泉

森　公成
Frank Riesner

同学社

表紙写真　　：Shutterstock
表紙デザイン：アップルボックス

まえがき

本書は、はじめてドイツ語を学ぶ人のために作られた教科書です。それぞれの課は、文法、Dialog、パートナー練習、Übungen の 4 ページから成り、時折、ドイツ語や Dialog に関連したコラムも入れました。次のような特徴があります。

● 文法は、おかげさまで好評を得ております森 公成、渡辺広佐著の『クヴェレ・ドイツ文法』を土台とし、それに手を加えて、さらにコンパクトなものにしました。基本的なものと、「文法プラス」に分け、基本的なものは必須、「文法プラス」は、必要に応じて学んでいただければと思います。この両者で、ほとんどすべての基礎的な文法事項が網羅されています。

● Dialog は、それぞれの課で勉強した文法事項を盛り込んだ、読みやすいものにしました。

● 「パートナー練習」は話す力をつけるためのものです。声を出して、積極的に利用してください。

● Übungen（練習問題）は多めに用意しました。

● チェックシートをつけましたので、発音練習や文法の確認、あるいは変化表を覚える際などに活用してください。

本書がみなさんにとっての新しい外国語である『ドイツ語の泉』となることを願っています。

2024 年 春

著　者

目　次

Das Alphabet

A	a	$\mathcal{A}$ a	[á:アー]	P	p	$\mathcal{P}$ p	[pé:ペー]
B	b	$\mathcal{B}$ b	[bé:ベー]	Q	q	$\mathcal{Q}$ q	[kú:クー]
C	c	$\mathcal{C}$ c	[tsé:ツェー]	R	r	$\mathcal{R}$ r	[ɛ́r エル]
D	d	$\mathcal{D}$ d	[dé:デー]	S	s	$\mathcal{S}$ s	[ɛ́s エス]
E	e	$\mathcal{E}$ e	[é:エー]	T	t	$\mathcal{T}$ t	[té:テー]
F	f	$\mathcal{F}$ f	[ɛ́f エふ]	U	u	$\mathcal{U}$ u	[ú:ウー]
G	g	$\mathcal{G}$ g	[gé:ゲー]	V	v	$\mathcal{V}$ v	[fáʊ ふァオ]
H	h	$\mathcal{H}$ h	[há:ハー]	W	w	$\mathcal{W}$ w	[vé:ヴェー]
I	i	$\mathcal{I}$ i	[í:イー]	X	x	$\mathcal{X}$ x	[íks イクス]
J	j	$\mathcal{J}$ j	[jót ヨット]	Y	y	$\mathcal{Y}$ y	[ýpsilɔn ユプスィろン]
K	k	$\mathcal{K}$ k	[ká:カー]	Z	z	$\mathcal{Z}$ z	[tsɛ́t ツェット]
L	l	$\mathcal{L}$ l	[ɛ́l エる]	Ä	ä	$\ddot{\mathcal{A}}$ $\ddot{a}$	[ɛ́:エー]
M	m	$\mathcal{M}$ m	[ɛ́m エム]	Ö	ö	$\ddot{\mathcal{O}}$ $\ddot{o}$	[ǿ:エー]
N	n	$\mathcal{N}$ n	[ɛ́n エン]	Ü	ü	$\ddot{\mathcal{U}}$ $\ddot{u}$	[ý:ユー]
O	o	$\mathcal{O}$ o	[ó:オー]		ß	β	[ɛs-tsɛ́t エス・ツェット]

7

発音（Aussprache）

> **原則**
> ① ローマ字のように読む。
> ② アクセントは最初の母音にある。
> ③ アクセントを持つ母音は、子音1個の前では長く、2個以上の前では短く発音される。

🎧 003 ■ **母音**

a	[aː][a]	Name ナーメ 名前	Mann マン 男
e	[eː][ɛ][ə]	geben ゲーベン 与える	Ende エンデ 終わり
i	[iː][ɪ]	Bibel ビーべる 聖書	finden ふィンデン 見つける
o	[oː][ɔ]	loben ろーベン ほめる	Onkel オンケる おじ
u	[uː][ʊ]	gut グート よい	Hund フント 犬
ä （日本語のエとほぼ同じ）	[ɛː][ɛ]	Bär ベーァ クマ	ändern エンダァン 変える
ö （oの口でeと発音）	[øː][œ]	Öl エーる 油	können ケンネン ～できる
ü （uの口でiと発音）	[yː][ʏ]	müde ミューデ 疲れた	Hütte ヒュッテ 小屋
au	[aʊ] [アォ]	Baum バォム 木	blau ブらォ 青い
ei	[aɪ] [アイ]	Eis アイス 氷	Arbeit アルバイト 労働
ie	[iː] [イー]	Brief ブリーふ 手紙	lieben りーベン 愛する
ただし外来語で	[iə] [イェ]	Familie ふァミーりエ 家族	Italien イターりエン イタリア
eu / äu	[ɔʏ] [オイ]	heute ホイテ 今日	Gebäude ゲボイデ 建物
母音＋h（発音しない）		gehen ゲーエン 行く	Autobahn アォト・バーン 高速道路
母音＋r	[r] [ァ]	er エーァ 彼は	dir ディーァ 君に
語末のer	[ər] [ァァ]	Vater ふァータァ 父	Mutter ムッタァ 母

■ 子音

語末の	-b	[p] [ブ]	halb	はるプ 半分の	gelb	ゲるプ 黄色の
	-d	[t] [ト]	Kind	キント 子	und	ウント そして
	-g	[k] [ク]	Tag	ターク 日	Zug	ツーク 列車
s＋母音		[z] [ズ]	Sonne	ゾンネ 太陽	singen	ズィンゲン 歌う

母音＋ ss, ß [s] [ス] Fluss ふるス 川 Fußball ふース・バる サッカー
（短母音のあとでは ss、それ以外は ß）

sch		[ʃ] [シュ]	Englisch	エングリッシュ 英語	schön	シェーン 美しい
語頭の	sp-	[ʃp] [シュプ]	spielen	シュピーれン 遊ぶ	Spaß	シュパース 楽しみ
	st-	[ʃt] [シュトゥ]	stark	シュタルク 強い	stehen	シュテーエン 立っている
tsch		[tʃ] [チュ]	Deutsch	ドイチュ ドイツ語	tschüs	チュース バイバイ

ch （a, o, u, au の後）

	[x] [ハ・ホ・フ]	Nacht	ナハト 夜	hoch	ホーホ 高い
		Kuchen	クーヘン ケーキ	auch	アオホ 〜もまた

ch （それ以外）	[ç] [ヒ]	ich	イヒ 私は	sprechen	シュプレッヒェン 話す
語末の -ig	[ıç] [イヒ]	König	ケーニヒ 王	fleißig	フらイスィヒ 勤勉な
j	[j] [ユ]	jung	ユング 若い	Japan	ヤーパン 日本
v	[f] [フ]	viel	ふィーる 多い	Volk	ふォるク 国民
w	[v] [ヴ]	Wein	ヴァイン ワイン	Wagen	ヴァーゲン 車
x, chs	[ks] [クス]	Examen	エクサーメン 試験	Dachs	ダクス アナグマ
z, ds, ts, tz	[ts] [ツ]	Zeit	ツァイト 時	abends	アーベンツ 夕方に
		nichts	ニヒツ 何も〜ない	jetzt	イェッツト 今
dt, th	[t] [ト]	Stadt	シュタット 町	Theater	テアータァ 劇場
pf	[pf] [プふ]	Apfel	アプふェる りんご	Pferd	プフェーアト 馬
qu	[kv] [クヴ]	Quadrat	クヴァドラート 正方形	Quelle	クヴェれ 泉

発音のカナ表記は『アポロン独和辞典 第4版』（同学社）による

9

■ 基数

0	null	10	zehn	20	**zwan**zig
1	ein**s**	11	elf	21	einundzwanzig
2	zwei	12	zwölf	22	zweiundzwanzig
3	drei	13	dreizehn	30	drei**ß**ig
4	vier	14	vierzehn	40	vierzig
5	fünf	15	fünfzehn	50	fünfzig
6	sechs	16	**sech**zehn	60	**sech**zig
7	sieben	17	**sieb**zehn	70	**sieb**zig
8	acht	18	achtzehn	80	achtzig
9	neun	19	neunzehn	90	neunzig

100	[ein]hundert	1000	[ein]tausend	1000000	eine Million

■ 西暦

1099 年まで：基数と同じ。

1100 年から 1999 年まで：100 の位で区切り、hundert を入れる。

2000 年から：基数と同じ。

794 年	siebenhundertvierundneunzig
1648 年	sechzehnhundertachtundvierzig
1871 年	achtzehnhunderteinundsiebzig
2024 年	zweitausendvierundzwanzig

■ 序数

1.	**erst**	8.	**acht**	20.	zwanzig**st**
2.	zwei**t**	9.	neun**t**	21.	einundzwanzig**st**
3.	**dritt**	10.	zehn**t**	22.	zweiundzwanzig**st**
4.	vier**t**	11.	elf**t**	30.	dreißig**st**
5.	fünf**t**	12.	zwölf**t**	40.	vierzig**st**
6.	sechs**t**	13.	dreizehn**t**	100.	hundert**st**
7.	sieb[en]**t**	14.	vierzehn**t**	101.	hundert[und]**erst**

▶ 1. 〜 19. までは基数に -t、20. 以上は -st をつける。ただし、1. 3. 7. 8. は例外。

▶ 序数には形容詞の語尾がつく。（☞ Lektion 9）

 例）der Zwei**t**e Weltkrieg 第二次世界大戦

  zum Ende des 19.（=neunzehn**t**en）Jahrhunderts 19 世紀の終わりに

■ 時刻　Wie spät ist es jetzt? / Wie viel Uhr ist es jetzt?　いま何時ですか？　Es ist...

（24 時間制）	（12 時間制）
10.00　zehn Uhr	zehn
10.05　zehn Uhr fünf	fünf nach zehn
10.15　zehn Uhr fünfzehn	Viertel nach zehn
10.30　zehn Uhr dreißig	halb elf
10.45　zehn Uhr fünfundvierzig	Viertel vor elf
10.55　zehn Uhr fünfundfünfzig	fünf vor elf

■ 月名・曜日名・四季・方位（すべて男性名詞）

Januar	1 月	Montag	月曜日	Frühling	春
Februar	2 月	Dienstag	火曜日	Sommer	夏
März	3 月	Mittwoch	水曜日	Herbst	秋
April	4 月	Donnerstag	木曜日	Winter	冬
Mai	5 月	Freitag	金曜日		
Juni	6 月	Samstag	土曜日	Ost / Osten	東
Juli	7 月	Sonntag	日曜日	West / Westen	西
August	8 月			Süd / Süden	南
September	9 月			Nord / Norden	北
Oktober	10 月				
November	11 月				
Dezember	12 月				

■ あいさつ表現

Guten Morgen!	おはよう。
Guten Tag!	こんにちは。
Guten Abend!	こんばんは。
Grüß Gott!	（南部・オーストリア）おはよう・こんにちは・こんばんは・さようなら。
Gute Nacht!	おやすみ。
Auf Wiedersehen!	さようなら。
Tschüss! / Tschüs!	バイバイ。

Wie geht es Ihnen? — Danke, gut. Und Ihnen?
　お元気ですか？ —ありがとう、元気です。あなたは？

Danke schön! — Bitte schön!　どうもありがとう。 — どういたしまして。

Entschuldigen Sie bitte! / Entschuldigung!　すみません。

Wie bitte?　何と言ったのですか？

動詞の現在人称変化（1）

Ich lerne Deutsch. 私はドイツ語を学んでいます。

1 不定詞

動詞の原形を**不定詞**（不定形）という。不定詞は語幹と語尾から成り、すべて -en（または -n）の語尾を持つ。

不定詞		語幹 ＋ 語尾
lernen	学ぶ	lern ＋ en
trinken	飲む	trink ＋ en
tun	する	tu ＋ n

2 規則的な動詞の現在人称変化

不定詞：lernen　trinken　tun

数	人 称	人 称 代 名 詞		語 尾	定 動 詞		
単数 (*sg.*)	1 人称	ich	私は	-e	lerne	trinke	tue
	2 人称（親称）	du	君は	-st	lernst	trinkst	tust
	3 人称	er	彼は				
		sie	彼女は	-t	lernt	trinkt	tut
		es	それは				
複数 (*pl.*)	1 人称	wir	私たちは	-en (-n)	lernen	trinken	tun
	2 人称（親称）	ihr	君たちは	-t	lernt	trinkt	tut
	3 人称	sie	彼ら／それらは	-en (-n)	lernen	trinken	tun
	2 人称（敬称）	Sie	あなた［がた］は	-en (-n)	lernen	trinken	tun

▶　1 人称は自分、2 人称は相手、3 人称はそれ以外。

▶　2 人称には、家族や友人などの親しい間柄で用いられる親称 du（単数）/ ihr（複数）と、それ以外の一般の成人間で用いられる敬称 Sie（単複同形。常に S は大文字）の 2 種類がある。

▶　主語によって人称変化した動詞を**定動詞**（定形）という。

3 定動詞の位置

定動詞は **2 番目**に置かれる。ただし**決定疑問文**（「はい」「いいえ」で答えることができる疑問文）では、**文頭（1 番目）**に置かれる。

Er	lernt	jetzt Deutsch.	彼はいまドイツ語を学んでいる。
Deutsch	lernt	er jetzt.	ドイツ語を彼はいま学んでいる。
Jetzt	lernt	er Deutsch.	いま彼はドイツ語を学んでいる。
Wo	lernt	er jetzt Deutsch?	どこで彼はいまドイツ語を学んでいるのですか？
	Lernt	er jetzt Deutsch?	彼はいまドイツ語を学んでいるのですか？（決定疑問文）

4 sein 「…である」（英：*be*）の現在人称変化

ich	**bin**	wir	**sind**
du	**bist**	ihr	**seid**
er	**ist**	sie	**sind**

▶ 表では、3 人称単数は er で代表させている。2 人称敬称の Sie は 3 人称複数の sie と動詞の変化は同じなので省略する。

Ich **bin** Student. Sie **ist** auch Studentin.　私は大学生です。彼女も大学生です。

Seid ihr müde? ― Ja, wir **sind** müde.　君たちは疲れたかい？ ― うん、ぼくたちは疲れた。

文法プラス

口調上注意すべき動詞の現在人称変化

① 語幹が d や t などで終わる動詞は、du, er, ihr が主語のとき、口調上の e を添える。

arbeiten　働く

ich	arbeite	wir	arbeiten
du	arbeitest	ihr	arbeitet
er	arbeitet	sie	arbeiten

Er **arbeitet** immer fleißig.　彼はいつも勤勉に働く。

② 語幹が s, ß, z などで終わる動詞は、du が主語のとき、語尾は -t のみとなる。

heißen　（…という）名前である

ich	heiße	wir	heißen
du	heiß**t**	ihr	heißt
er	heißt	sie	heißen

Wie **heiß**t du?　名前は何というの？

Dialog

Mai ist Studentin in Berlin, Paul Lehmann ist Deutschlehrer.
まいはベルリンの大学生、パウル・レーマンはドイツ語の教師です。

Mai: Guten Morgen! Sind Sie Herr Lehmann?

Herr Lehmann: Hallo! Ja, ich bin Paul Lehmann. Wie heißen Sie?

Mai: Ich heiße Mai Yamamoto. Ich komme aus Kyoto.
Woher kommen Sie?

Herr Lehmann: Ich komme aus Berlin und lehre Deutsch. Sind Sie Studentin?

Mai: Ja, ich studiere Jura und lerne Deutsch. Ich wohne jetzt in
Berlin und liebe Deutschland.
Auf Wiedersehen!

Herr Lehmann: Tschüs!

パートナー練習　下線部に適当な語句を入れて文を作りましょう。

A: Wie heißen Sie? / Wie heißt du?　　　名前は何というのですか？

B: Ich heiße _____.

A: Woher kommen Sie? / Woher kommst du?　　　出身はどちらですか？

B: Ich komme aus _____.

A: Wo wohnen Sie? / Wo wohnst du?　　　どこに住んでいるのですか？

B: Ich wohne jetzt in _____.

A: Bist du Student / Studentin?　　　学生ですか？

B: Ja, ich studiere _____.

Anglistik	英語学	Geschichte	歴史	Informatik	情報学
Germanistik	ドイツ学	Soziologie	社会学	Technik	工学
Japanologie	日本学	Pädagogik	教育学	Physik	物理学
Biologie	生物学	Wirtschaftswissenschaften	経済学	Jura	法学
Philosophie	哲学	Betriebswirtschaftslehre	経営学	Medizin	医学

Übungen 1 ✏️

1 カッコ内の動詞を正しい形にしなさい。

1. Ich ＿＿＿＿＿ Englisch. Mai und Henry ＿＿＿＿＿ Deutsch. (lernen)
2. Wo ＿＿＿＿＿ du? — Ich ＿＿＿＿＿ in Berlin. (wohnen)
3. Was ＿＿＿＿＿ Thomas? — Er ＿＿＿＿＿ Jura. (studieren)
4. ＿＿＿＿＿ sie aus Japan? — Ja, Tomoko ＿＿＿＿＿ aus Japan. (kommen)
5. ＿＿＿＿＿ du Japaner? — Ja, ich ＿＿＿＿＿ Japaner. (sein)
6. ＿＿＿＿＿ ihr Amerikaner? (sein)
   — Nein, wir ＿＿＿＿＿ aus Deutschland. (kommen)

2 カッコ内の単語を並べかえて文を作りなさい（文頭の語も小文字で表記してあります）。

1. (du / Deutsch / lernst / ?)　　　　— Ja, ich lerne Deutsch.
2. (Sie / was / trinken / ?)　　　　— Ich trinke Wein.
3. (kommen / sie / Amerika / aus / ?)　— Nein, sie kommen aus Deutschland.
4. (sie / kommt / woher / ?)　　　— Sie (aus / kommt / Berlin).
5. (ihr / Tokyo / findet / wie / ?)　　— Tokyo (gut / finden / wir).
6. (du / heißt / Lars / ?)　　　　— Nein, ich heiße Sebastian.

3 口調上の変化に注意し、カッコ内の動詞を正しい形にしなさい。

1. ＿＿＿＿＿ du heute? — Ja, heute ＿＿＿＿＿ ich. (arbeiten)
2. Wie ＿＿＿＿＿ Peter Anna? — Er ＿＿＿＿＿ Anna gut. (finden 見つける、思う)
3. Was ＿＿＿＿＿ das? — Das ＿＿＿＿＿ 3 Euro. (kosten …の値段である)
4. ＿＿＿＿＿ du? — Ja, ich ＿＿＿＿＿. (antworten 答える)
5. ＿＿＿＿＿ du Thomas? — Ja, ich ＿＿＿＿＿ Thomas. (heißen)
6. ＿＿＿＿＿ du gern? — Ja, ich ＿＿＿＿＿ oft. (reisen 旅行する)

4 ドイツ語で答えなさい。

1. Kommst du aus Japan?　　Ja, ＿＿＿＿＿.
2. Sind Sie Lehrer?　　　　Nein, ＿＿＿＿＿.
3. Wohnen Sie in Japan?　　Ja, ＿＿＿＿＿.
4. Bist du Thomas?　　　　Nein, ＿＿＿＿＿.

名詞と冠詞

Hast du einen Moment Zeit? ちょっと時間ありますか？

🎧 **1** 名詞の性
017

名詞には**男性**・**女性**・**中性**の**文法上の性**がある。男性名詞は er, 女性名詞は sie, 中性名詞は es で受ける。

男性名詞	女性名詞	中性名詞
Vater 父	Mutter 母	Kind 子
Bruder 兄弟	Schwester 姉妹	Mädchen 少女
Tisch 机	Tür ドア	Fenster 窓
Löffel スプーン	Gabel フォーク	Messer ナイフ
er	**sie**	**es**

🎧 **2** 冠詞の格変化
018

冠詞には**定冠詞 der**（英：*the*）と**不定冠詞 ein**（英：*a, an*）があり、名詞の前について、その**性・数・格**を示す。

	男	女	中	複
1格（〜が / は）	der ein △ Vater	die eine Mutter	das ein △ Kind	die ―― Kinder
2格（〜の）	des eines Vaters	der einer Mutter	des eines Kindes	der ―― Kinder
3格（〜に）	dem einem Vater	der einer Mutter	dem einem Kind	den ―― Kindern
4格（〜を）	den einen Vater	die eine Mutter	das ein △ Kind	die ―― Kinder

▶ 不定冠詞は男性 1 格、中性 1・4 格で語尾を欠く。それ以外は定冠詞とほぼ同じ変化をする。

▶ 大部分の男性名詞と中性名詞の 2 格には、名詞のあとに s または es がつく。

▶ 複数には性の区別がなく、通常 3 格に n がつく。

🎧 019 **3** 格の用法

1 格（〜が / は）	**Der Vater** trinkt immer Bier.	父はいつもビールを飲む。	（主語）
2 格（〜の）	Das Auto **des Vaters** ist groß.	父の車は大きい。	（所有）
3 格（〜に）	Ich danke **dem Vater**.	私は父に感謝している。	（間接目的語）
4 格（〜を）	Das Kind liebt **den Vater**.	その子は父を愛している。	（直接目的語）

▶ 2 格の名詞は、後ろから前の名詞を修飾する（日本語とは逆順なので注意）。

🎧 020 **4** haben「持っている」（英：*have*）の現在人称変化

ich	habe	wir	haben
du	**hast**	ihr	habt
er	**hat**	sie	haben

Hast du Hunger? — Ja, ich **habe** Hunger. 君はおなかがすいたかい？ — うん、おなかがすいた。

文法プラス

1. 男性名詞と中性名詞の 2 格語尾、s または es について

① -s しかつかない名詞：-el, -em, -en, -er などに終わる名詞

der Onkel おじ　der Atem 息　das Mädchen　der Vater など

② -es しかつかない名詞：-s, -ß, -tz などに終わる名詞

das Haus 家　der Fuß 足　der Platz 場所 など

また、単音節の名詞は口調上 es の語尾をとることが多い。

2. 語尾で性がわかる名詞

男性：四季、方向、月名、曜日のすべて（☞ 11 ページ）。語尾が -ig, -ling, -ismus に終わる
　　　名詞のすべて。行為者を表し、-er, -or に終わる名詞の多く。

　　　Käfig 鳥かご　Schmetterling 蝶　Sozialismus 社会主義

　　　Arbeiter 労働者　Autor 著者 など

女性：語尾が -heit, -keit, -schaft, -tät, -tion に終わる名詞のすべて。

　　　Freiheit 自由　Ewigkeit 永遠　Wissenschaft 学問　Universität 大学

　　　Nation 国民・国家 など

中性：語尾が -chen, -lein に終わる名詞のすべて。

　　　Mädchen　Fräulein 令嬢 など

Dialog Mai und Henry sind Studenten in einer Wohngemeinschaft in Berlin.
まいとヘンリーはベルリンでハウスシェアをしている学生です。

Mai: Hallo, Henry! Hast du einen Moment Zeit?

Henry: Hallo, Mai! Ja, gern.

Mai: Morgen kommt eine Freundin. Sie heißt Lina und sie ist Studentin in Frankfurt. Die Familie der Studentin kommt auch. Hier ist ein Foto.

Henry: Ist die Frau die Studentin?

Mai: Nein, das ist Luisa. Sie ist die Schwester der Studentin. Hier sind die Eltern. Die Kinder der Eltern sind Lina, Luki und Luisa.

Henry: Luki? Ist Luki der Name eines Mannes oder der Name einer Frau?

Mai: Luki ist der Name des Sohnes. Er heißt Lukas. Sie nennen den Sohn aber Luki.

Henry: Ich verstehe. Lukas ist Luki. Frank ist Franki, Bob ist Bobbi.

Mai: Richtig. Ich gehe jetzt. Gute Nacht!

Henry: Bis morgen, Mai!

パートナー練習 例にならって文を作りましょう。

例）A: Was ist das*?　　　　　　　　　　　これは何ですか？

　　B: Das ist ein Hund. Er ist groß.　　　これは犬です。　それは大きいです。

〈男性名詞〉 ein / er	Hund 犬	PC パソコン	Park 公園
〈女性名詞〉 eine / sie	Katze 猫	Uhr 時計	Kirche 教会
〈中性名詞〉 ein / es	Pferd 馬	Bild 絵	Haus 家

groß 大きい　　klein 小さい　　teuer 高い　　billig 安い　　gut よい　　schlecht 悪い

jung 若い　　neu 新しい　　alt 年をとった・古い　　süß かわいい・甘い　　schön 美しい

*（英）What is this?

英語とドイツ語（1）：古英語の名詞

英語の名詞も古くはドイツ語と同じように、男性、女性、中性という文法上の性がありました。しかし11世紀のノルマン人によるイギリス征服、いわゆる「ノルマン・コンクェスト」によって、フランス語がイギリス人にとっての支配者言語となりました。そうして庶民の話し言葉に貶められた英語は、13世紀までに名詞の性をほぼ完全に失ってしまったといわれています。

Übungen 2 ✏️

1 例にならって下線部の名詞を人称代名詞で受けなさい。

例：<u>Das Haus</u> steht hier. → <u>Es</u> steht hier.　その家はここにある。→ <u>それは</u>ここにある。

1. <u>Der Freund</u> ist Japaner.　　　→ .... ist Japaner.
2. <u>Die Freundin</u> ist Japanerin.　→ .... ist Japanerin.
3. <u>Der Student</u> hat ein Problem.　→ .... hat ein Problem.
4. <u>Die Studentin</u> hat Zeit.　　　→ .... hat Zeit.
5. <u>Das Kind</u> ist süß.　　　　　　→ .... ist süß.
6. <u>Mai und Henry</u> spielen Tennis.　→ .... spielen Tennis.

2 例にならって下線部に不定冠詞を、カッコ内には定冠詞を入れて文を完成させなさい。

例：Haben Sie <u>einen</u> Computer?　　　　― Ja,（der）Computer hier ist gut.
　　あなたはコンピュータを持っていますか？　　　　はい、このコンピュータはよいです。

1. Haben Sie .... Handy?　　　― Ja,（　　　）Handy hier ist gut.
2. Haben Sie .... T-Shirt?　　― Ja,（　　　）T-Shirt hier ist schön.
3. Haben Sie .... Kamera?　　― Ja,（　　　）Kamera ist wunderbar.
4. Haben Sie .... Ausweis?　　― Ja,（　　　）Ausweis ist hier.

3 例にならって下線部に不定冠詞を、カッコ内には定冠詞を入れて文を完成させなさい。

例：Ich suche <u>einen</u> Bleistift .　　　― Wie finden Sie（den）Bleistift hier?
　　私は鉛筆を探しています。　　　　　　　こちらの鉛筆はいかがでしょう？

1. Ich suche .... Tasche.　　― Wie finden Sie（　　　）Tasche hier?
2. Ich suche .... Computer.　― Wie finden Sie（　　　）Computer
　　　　　　　　　　　　　　　　　　　　hier?
3. Ich suche .... Buch.　　　― Wie finden Sie（　　　）Buch hier?
4. Ich suche .... Jacke.　　― Wie finden Sie（　　　）Jacke hier?

4 例にならって下線部に定冠詞を入れ、文を完成させなさい。

例：Die Mutter <u>des</u> Freundes schenkt <u>dem</u> Mann eine Krawatte.
　　友人の母親がその男性にネクタイをプレゼントする。

1. Der Bruder .... Mutter schenkt .... Mutter ein Buch.
2. Der Freund .... Studentin schenkt .... Studentin einen Ring.
3. Die Freundin .... Sohnes schenkt .... Sohn eine Jacke.
4. Die Mutter .... Kindes schenkt .... Kind ein Fahrrad.

Lektion 3 複数形

Hier sind so viele Menschen.

ここにはとてもたくさんの人がいます。

🎧 023 ① 複数形

名詞の複数形は、単数形につく語尾の違いによって、次の5つに分類される。

	単　　数	複　　数	備　　考
無語尾型	der Onkel　おじ der Vater　父	die Onkel die Väter	単数名詞に a,o,u,au があるとき、変音する名詞としない名詞がある。
e型	der Tag　日 die Nacht　夜	die Tage die Nächte	単数名詞に a,o,u,au があるとき、変音する名詞としない名詞がある。
er型	der Mann　男 das Haus　家	die Männer die Häuser	単数名詞に a,o,u,au があるときは必ず変音する。男性名詞と中性名詞のみ。
(e)n型	die Blume　花 die Frau　女	die Blumen die Frauen	単数名詞に a,o,u,au があっても変音しない。女性名詞に多い。
s型	das Auto　車 die Kamera　カメラ	die Autos die Kameras	単数名詞に a,o,u,au があっても変音しない。外来語に多い。

▶ 辞書では、性・単数2格・複数形が示されている。

```
Mann      男 または m     -[e]s / Männer  あるいは  ¨er
Frau      女 または f        - / -en
Mädchen   中 または n        -s / -
                ↓            ↓      ↓
               性      単数2格 / 複数1格
```

🎧 024 ② 複数形の格変化

	無語尾型	e型	er型	(e)n型	s型
単数1格	der Onkel	der Tag	der Mann	die Blume	das Auto
複数1格	die Onkel	die Tage	die Männer	die Blumen	die Autos
複数2格	der Onkel	der Tage	der Männer	der Blumen	der Autos
複数3格	den Onkeln	den Tagen	den Männern	den Blumen △	den Autos △
複数4格	die Onkel	die Tage	die Männer	die Blumen	die Autos

▶ n と s に終わる複数名詞には3格の n はつけない。

3 **werden**「…になる」の現在人称変化

025

> ich werde　wir werden
> du **wirst**　ihr werdet
> er **wird**　sie werden

Was **wirst** du später? — Ich **werde** Lehrer.　君は将来何になるの？ — 私は教師になります。

文法プラス

 026

1. 男性弱変化名詞

単数1格以外のすべてに、-en（または -n）の語尾がつく男性名詞が少数ある。**男性弱変化名詞**という。

	単数	複数
1格	der　Student　大学生	die　Studenten
2格	des　Studenten	der　Studenten
3格	dem Studenten	den　Studenten
4格	den　Studenten	die　Studenten

▶　辞書では Student 男 -en / -en などと表記されている。

　　der Mensch　人間　　der Polizist　警察官　　der Präsident　大統領　　der Junge　少年
　　der Affe　猿　　der Löwe　ライオン など

2.　複合名詞

複合名詞とは、最後の名詞を基礎語として、その前にさまざまな規定語（主に名詞）がついたものをいう。複合名詞の性と数は、最後の名詞に従う。

das Haus　家 + die Tür　ドア + der Schlüssel　鍵 = der Haustürschlüssel　玄関の鍵
die Geburt　誕生 + s + der Tag　日 + s + die Geschenke（*pl.*）プレゼント
= die Geburtstagsgeschenke　誕生日のプレゼント

Dialog
027

Mai und Fabian aus Deutschland sind im Supermarkt.

まいとドイツ出身のファビアンはスーパーマーケットにいます。

Fabian: Hallo, Mai!

Mai: Hallo, Fabian! Wow! Der Supermarkt ist so groß. Hier sind so viele Menschen.

Fabian: Gibt es* in Japan auch so viele Brote?

Mai: Nein, aber es gibt viele Reissorten.

Fabian: Ich kenne nur eine Sorte Reis. Die Reissorte heißt Koshihikari. Aber ich kenne viele Würste. Frankfurter, Thüringer und Weißwürste. Die Wurst, der Käse und das Brot haben viele Namen in Deutschland.

Mai: Haben die Menschen auch viele Vornamen in Deutschland?

Fabian: Ja, ich heiße Fabian Wilhelm Heinrich Müller. Wilhelm ist der Name des Vaters der Mutter. Heinrich ist der Name des Vaters des Vaters. Zuletzt kommt der Familienname Müller.

Mai: Ich verstehe. Tschüs, Fabian Wilhelm Heinrich!

Fabian: Nur Fabian ist okay. Tschüs, Mai!

Gibt es* es gibt + 4 格：「…がある」 ＜ geben（☞ Lektion 8 ⑤ 非人称の主語 es）

パートナー練習
028

例にならって文を作りましょう。

例）A: Ich kaufe einen Käse. Was kaufst du?　　私はチーズを買います。君は何を買いますか？

B: Ich kaufe zwei Äpfel.　　私はリンゴを 2 個買います。

〈einen + 男性名詞〉Käse -s/-	チーズ	Apfel -s/Äpfel リンゴ	Pfirsich -s/-e モモ
〈eine + 女性名詞〉Wurst -/Würste	ソーセージ	Kartoffel -/-n ジャガイモ	Zwiebel -/-n タマネギ
〈ein + 中性名詞〉Brot -[e]s/-e	パン	Brötchen -s/- 小さい丸パン	Ei -[e]s/-er 卵

| ソーセージ

ドイツ人の食生活にソーセージは欠かせません。1 年間で平均ひとり約 30 キロのソーセージやハムを食べるといわれています。種類も実に豊富です。日本でもおなじみの細くて長い Frankfurter、ミュンヘン名物の白いソーセージ Weißwurst、屋台定番の焼きソーセージといえば Thüringer ですし、ニュルンベルク名物の Nürnberger は小指サイズの焼きソーセージで、ビールを飲みながらひとりで 10 本ほどはペロリと食べます。豚の脂身や皮などに血を混ぜて作るその名も「血のソーセージ」Blutwurst も人気があります。しかしその一方で、肉を一切口にしないドイツ人も約 10 人にひとり、800 万人以上います。ある統計によると、人口比ではインド、台湾に次いで世界で第 3 位だということです。この数字をみると、ドイツ人に対するイメージが少し変わるかもしれませんね。

Übungen 3 ✏️

1 例にならってカッコ内に単語の意味を、下線部にはその複数形を、定冠詞（1格）をつけて書き入れなさい。

例： der Vater　　　—　　　（父）　　　die Väter

1. das Brot　　　—　（　　　　　）　..............................
2. das Land　　　—　（　　　　　）　..............................
3. die Wohnung　—　（　　　　　）　..............................
4. das Hotel　　　—　（　　　　　）　..............................

2 例にならって下線部を複数形にし、全文を書きかえなさい。

例： Wo ist das Kind?　その子はどこにいるのですか？　→　Wo sind die Kinder?

Sie lernt eine Fremdsprache.　彼女はある外国語を学んでいる。

　　→　Sie lernt Fremdsprachen.

1. Ich suche den Computer.
2. Die Blume ist schön.
3. Er kauft ein Handy.
4. Hier ist eine Universität.
5. Ich werde später Arzt.
6. Das Auto gehört dem Mann.

3 例にならってカッコ内の男性弱変化名詞（1格）を正しい形にし、下線部に書き入れなさい。

例： Ich suche den Studenten.　私はその学生を探しています。　(der Student)

1. Der Name .... ist Biden.　　(der Präsident)
2. Ich sehe .... im Konzert.　　(der Komponist)
3. Wir danken ....　　(der Mensch)
4. Die Mutter .... heißt Monika.　　(der Junge)

4 例にならって与えられた2つの名詞から複合名詞をつくり、その意味を書きなさい。

例： der Reis（米）+ die Sorte（種類）　= die Reissorte　米の種類

1. das Bier　　　+ das Glas　　　　　= d..........................
2. die Familie　+ der Name　　　　　= d.....................n
3. die Arbeit　　+ die Zeit　　　　　= d.....................s
4. das Kind　　　+ die Geburt + der Tag = d..............er.............s

23

動詞の現在人称変化（2）・命令

Sieh Filme aus Deutschland! ドイツの映画をみなよ！

1 幹母音が変わる動詞

主語が du と er（3人称単数）のときに、幹母音が変化する動詞がある。変化の違いにしたがって、次の3つのタイプに分類される。

🎧 029 ① **a → ä** 型：fahren［乗り物で］行く

ich fahre	wir fahren
du **fährst**	ihr fahrt
er **fährt**	sie fahren

Wohin **fährst** du? どこへ行くの？

② **e → i** 型：sprechen 話す

ich spreche	wir sprechen
du sprichst	ihr sprecht
er spricht	sie sprechen

Er **spricht** Deutsch. 彼はドイツ語を話す。

③ **e → ie** 型：sehen 見る

ich sehe	wir sehen
du siehst	ihr seht
er sieht	sie sehen

Siehst du etwas? なにか見える？

🎧 030 ④ さらにわずかだが、特殊な変化をする動詞がある。

halten （しっかり）持っている		nehmen 取る		wissen 知っている	
ich halte	wir halten	ich nehme	wir nehmen	ich weiß	wir wissen
du hältst	ihr haltet	du nimmst	ihr nehmt	du weißt	ihr wisst
er hält	sie halten	er nimmt	sie nehmen	er weiß	sie wissen

▶ 辞書では不規則変化動詞の右肩に * がつく。
　 sehen* ← これが不規則変化動詞のしるし

▶ 巻末の「主要不規則動詞変化表」も参照すること。

2 命令

命令は 2 人称（du, ihr, Sie）に対して行なわれる。

> du に対する命令 ：不定詞の語幹のみ（あるいは語幹 + e）
> ihr に対する命令 ：不定詞の語幹 + t
> Sie に対する命令：不定詞の語幹 + en + Sie

	基本型	① a → ä 型	② e → i 型	③ e → ie 型	例外
不定詞	kommen	fahren	sprechen	sehen	sein
du に対する命令	Komm[e]!	Fahr[e]!	Sprich!	Sieh!	Sei…!
ihr に対する命令	Kommt!	Fahrt!	Sprecht!	Seht!	Seid…!
Sie に対する命令	Kommen Sie!	Fahren Sie!	Sprechen Sie!	Sehen Sie!	Seien Sie…!

▶ ②と③のタイプは、du に対する命令でも幹母音は変化し、語尾の e はつかない。

▶ sein は例外的な変化である。

文法プラス

nicht の位置

① **文否定**：原則として文末

Er kommt heute **nicht**. 彼は今日来ない。

② **部分否定**：否定する語の直前

Er kommt **nicht** heute, sondern morgen. 彼が来るのは今日ではなく、明日だ。

③ ただし文否定でも、定動詞と密接なつながりを持つ語があるときはその前。

Er kommt **nicht** nach Hause. 彼は家に帰ってこない。 < nach Hause kommen 帰宅する

▶ 定動詞の kommt と nach Hause は密接なつながりを持つイディオム（熟語）である。

Dialog Mai bekommt Lerntipps von Fabian.
まいはファビアンから勉強のコツを教えてもらいます。

Mai: Fabian, wie lerne ich schnell Deutsch?

Fabian: Sieh Filme aus Deutschland!

Triffst du oft Deutsche*?

Mai: Nein, ich treffe nicht oft Deutsche.

Fabian: Das ist nicht gut. Triff Deutsche, sprich Deutsch, nimm

Deutschunterricht und lern die Grammatik!

Mai: Ich lese viel Deutsch. Ist das gut?

Fabian: Das weiß ich nicht. Was liest du denn?

Mai: Ich lese gern Zeitschriften und bekomme Nachrichten und E-Mails auf

Deutsch.

Fabian: Gut. Das hilft sehr. Der Bus fährt jetzt. Tschüs!

Mai: Warte! Ich fahre auch.

Deutsche* ドイツ人（☞ Lektion 9 文法プラス：形容詞の名詞化）

パートナー練習 例にならって文を作りましょう。

例）A: Fährst du nach Deutschland? 　　君はドイツへ行くのですか？

B: Ja, ich fahre nach Deutschland. 　　はい、私はドイツへ行きます。

A: Sprichst du Deutsch? 　　君はドイツ語を話しますか？

B: Ja, ich spreche Deutsch. 　　はい、私はドイツ語を話します。

A: Siehst du den Bahnhof? 　　君には駅がみえますか？

B: Ja, ich sehe den Bahnhof. 　　はい、私には駅がみえます。

nach Deutschland	nach Frankreich	nach Japan
Deutsch	Französisch	Japanisch
der Bahnhof　駅	die Brücke　橋	das Kino　映画館

英語とドイツ語（2）：動詞の語尾

現代英語において、動詞の現在人称変化で残っている語尾は3人称単数のｓだけですが、古くは1人称・2人称・3人称のすべてで、ドイツ語と同じように語尾変化をしていました。多大なるフランス語の影響、そして名詞の性と動詞の語尾を失ったことが、言語史的には非常に親しい関係にある英語とドイツ語を、大きく異なる言語へと変貌させていったのです。

Übungen 4 ✏️

1 カッコ内の動詞を正しい形にしなさい。

1. Der Zug _____ nach Berlin. (fahren)

2. Du _____ der Mutter. (helfen)

3. Er _____ den Vater. (treffen)

4. Ich _____ Bier. _____ du Bier oder Wein? (nehmen, nehmen)

5. Was _____ du? — Ich _____ einen Film. (sehen, sehen)

6. _____ er gern Englisch? — Nein, er _____ aber gern Englisch.

   (sprechen, lesen)

2 例にならってカッコ内の語を主語にした文に書きかえなさい。

例：Ich lese die Zeitung. (er) → Er liest die Zeitung.　私は新聞を読む。→ 彼は新聞を読む。

1. Ich empfehle das Buch. (du)

2. Wir helfen der Mutter. (Peter)

3. Ich esse den Fisch nicht. (du)

4. Ihr lauft nicht schnell. (er)

5. Er trägt eine Jacke. (ihr)

6. Wohin fährst du? (Sie)

3 例にならって命令文にしなさい。

例：fleißig lernen　熱心に学ぶ（ihr に対して）→ Lernt fleißig!

1. nach Hause fahren　家に帰る（Sie に対して）

2. dem Lehrer antworten　教師に答える（ihr に対して）

3. nett sein　優しい（du に対して）

4. langsam essen　ゆっくり食べる（du に対して）

4 例にならって nicht を用いた否定文にしなさい。

例：Ich komme aus Berlin. → Ich komme nicht aus Berlin.

1. Ich spreche schnell.

2. Ich trinke den Wein.

3. Ich esse gern Fisch.

4. Ich helfe dem Freund.

Lektion 5

冠詞類・人称代名詞

Meine Schwester hat kein Handy.
ぼくの妹は携帯を持っていない。

🎧 1 定冠詞類
035

定冠詞 der とほぼ同じ変化をするものがある。**定冠詞類**という。次のようなものがある。

dieser この（*this*）　jener あの（*that*）　solcher そのような（*such*）　jeder どの〜も（*every, each*）
aller すべての（*all*）　mancher いくつもの（*some*）　welcher どの…?（*which*）

	男	女	中	複
1格	dieser	diese	dieses	diese
2格	dieses	dieser	dieses	dieser
3格	diesem	dieser	diesem	diesen
4格	diesen	diese	dieses	diese

定冠詞

	男	女	中	複
1格	der	die	das	die
2格	des	der	des	der
3格	dem	der	dem	den
4格	den	die	das	die

Welches Menü nimmst du? — Ich nehme **dies**es Menü.
君はどの定食にする? — ぼくはこの定食にする。

🎧 2 不定冠詞類
036

不定冠詞 ein と同じ変化をするものがある。**不定冠詞類**という。**所有冠詞**と**否定冠詞**の2種類がある。

所有冠詞：mein 私の <ich　dein 君の <du　sein 彼の <er / それの <es　ihr 彼女の <sie / 彼ら（それら）の <sie　unser 私たちの <wir　euer 君たちの <ihr　Ihr あなた（たち）の <Sie
否定冠詞：kein ひとつも〜ない（*no*）

	男	女	中	複
1格	mein △	meine	mein △	meine
2格	meines	meiner	meines	meiner
3格	meinem	meiner	meinem	meinen
4格	meinen	meine	mein △	meine

不定冠詞

	男	女	中
1格	ein △	eine	ein △
2格	eines	einer	eines
3格	einem	einer	einem
4格	einen	eine	ein △

Meine Tante liebt **ihr**en Sohn.　私の叔母は彼女の息子を愛している。

Hast du Zeit? — Nein, leider habe ich **kein**e Zeit.
時間ある? — いや、悪いけど時間ないんだ。

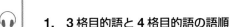

3 人称代名詞

		1人称	2人称 （親称）	3人称			2人称 （敬称）
単数	1格	ich	du	er	sie	es	Sie Ihnen Sie
	3格	mir	dir	ihm	ihr	ihm	
	4格	mich	dich	ihn	sie	es	
複数	1格	wir	ihr	sie			
	3格	uns	euch	ihnen			
	4格	uns	euch	sie			

文法プラス

1. 3格目的語と4格目的語の語順

文中に3格目的語「～に」と4格目的語「～を」の両方があるときは、通常、以下の語順となる。

① 両方とも名詞の場合： 3格 ＋ 4格

  Er schenkt **der Freundin einen Ring**. 　彼はガールフレンドに指輪を贈る。
           女 3格　　　　　男 4格

② 名詞と代名詞の場合： 代名詞 ＋ 名詞

  Er schenkt **ihr einen Ring**. 　彼は彼女に指輪を贈る。
  Er schenkt **ihn der Freundin**. 　彼はそれをガールフレンドに贈る。

③ 両方とも代名詞の場合： 4格 ＋ 3格

  Er schenkt **ihn ihr**. 　彼はそれを彼女に贈る。

2. nicht と kein の使い分け

① 肯定文に名詞がない場合 → nicht

  Er ist ledig. 　彼は独身だ。 → Er ist **nicht** ledig.

② 肯定文に名詞があり、不定冠詞がついているか無冠詞の場合 → kein

  Ich habe ein Auto. 　私は車を持っている。 → Ich habe **kein** Auto.
  Habt ihr Hunger? 　おなかすいた？→ Habt ihr **keinen** Hunger?

③ 肯定文に名詞があり、②以外の特定された名詞の場合 → nicht

  Ich kenne die Frau. 　私はその女性を知っている。 → Ich kenne die Frau **nicht**.
  Das ist meine Arbeit. 　それは私の仕事だ。 → Das ist **nicht** meine Arbeit.

Dialog Mai, Fabian und ihre Familien.
まい、ファビアン、そして彼らの家族。

Fabian: Hast du ein Foto deiner Familie?

Mai: Ja. Sieh mal hier! Das sind meine Eltern. Dort sind unsere Autos. Das ist der Toyota meines Vaters. Dieses Auto hier ist der Kleinwagen meiner Mutter. Ein Daihatsu. Unsere Autos sind immer von Toyota.

Fabian: Was schenkst du deinem Vater und deiner Mutter zum Geburtstag*?

Mai: Ich schenke ihm den Reiseführer „Berlin ist toll". Ihr schenke ich das Buch „Mein Berlin". Sie besuchen mich bald.

Fabian: Ich schenke keinen Reiseführer. Das Hobby meines Bruders ist Spanisch. Ich schenke ihm ein Wörterbuch. Meine Schwester hat kein Handy. Ich schenke ihr ein Smartphone. Was schenke ich meinen Eltern? Sie haben doch alles.

Mai: Ich kenne deine Eltern nicht. Ich habe keine Idee.

zum Geburtstag*　誕生日に

パートナー練習　例にならって文を作りましょう。

例) A: Ist das dein PC?　　　　これは君のパソコンですか？

B: Ja, das ist mein PC.　　　はい、これは私のパソコンです。

Nein, das ist nicht mein PC, sondern der PC meines Vaters.
いいえ、これは私のパソコンではなく、私の父のパソコンです。

A: Ist das deine Kamera?

B: Ja, das ist meine Kamera.

Nein, das ist nicht meine Kamera, sondern die Kamera meiner Mutter.

A: Ist das dein Auto?

B: Ja, das ist mein Auto.

Nein, das ist nicht mein Auto, sondern das Auto meines Kindes.

〈男性名詞〉	PC	パソコン	Mantel	コート	Traum	夢
〈女性名詞〉	Kamera	カメラ	Tasche	バック	Idee	考え
〈中性名詞〉	Auto	車	T-Shirt	Tシャツ	Problem	問題

Übungen 5 ✏

5

1 下線部に冠詞類の語尾（不必要な場合は△）を入れなさい。

1. Ich gebe dir dies＿＿＿＿ Buch.

2. Er schenkt all＿＿＿＿ Frauen Schokolade.

3. Welch＿＿＿＿ Tasche ist dein＿＿＿＿ Tasche?

4. Mein＿＿＿＿ Bruder hat kein＿＿＿＿ Computer.

5. Mein＿＿＿＿ Vater hat ein Auto. Sein＿＿＿＿ Auto ist neu.

6. Hier sind kein＿＿＿＿ Studenten.

2 例にならって welcher と dieser を正しく語尾変化させなさい。

例：Welcher Bus ist unser Bus? — Dieser Bus ist unser Bus.
　　 どのバスが私たちのバスですか？　　　　　　このバスが私たちのバスです。

1. Welch＿＿＿＿ Handy ist billig? — Ich finde dies＿＿＿＿ Handy billig.

2. Welch＿＿＿＿ Frau siehst du? — Ich sehe dies＿＿＿＿ Frau.

3. Welch＿＿＿＿ Leute kommen heute? — Dies＿＿＿＿ Leute kommen.

4. Welch＿＿＿＿ Wein empfiehlst du? — Dies＿＿＿＿ Wein ist gut.

3 例にならって、自然な意味となるように下線部の名詞を人称代名詞にしなさい。

例：Gibst du mir bitte den Wein? — Ja, ich gebe ihn dir.
　　 そのワインをもらえますか？　　　　　　はい、それを君にあげます。

1. Liest du das Buch? — Nein, ich lese ＿＿＿＿ nicht.

2. Heiratest du den Mann? — Ja, gern heirate ich ＿＿＿＿.

3. Was schenkst du deinen Eltern? — Ich schenke ＿＿＿＿ einen Gutschein.

4. Das ist mein Freund. Siehst du ＿＿＿＿? — Ja, ＿＿＿＿ ist auch mein Freund.

5. Die Japaner lernen die Grammatik. Der Lehrer erklärt ＿＿＿＿ ＿＿＿＿.

6. Die Mutter kocht das Essen. Ihre Tochter hilft ＿＿＿＿.

4 下線部に nicht あるいは kein を入れて否定文にしなさい。kein は語尾に注意しましょう。

1. Ist er Amerikaner? — Das glaube ich ＿＿＿＿.

2. Hast du Hunger? — Nein, ich habe ＿＿＿＿ Hunger.

3. Sind das deine Eltern? — Nein, das sind ＿＿＿＿ meine Eltern. Sie sind ＿＿＿＿ hier.

4. Ich weiß das ＿＿＿＿. Ich habe ＿＿＿＿ Ahnung.

Lektion 6

前置詞・従属接続詞

Wie kommen wir zu der Museumsinsel?

その博物館島へはどう行くのですか？

1 前置詞

前置詞はその後にくる名詞や代名詞の特定の格と結びつく。これを**前置詞の格支配**という。
4種類に分類される。

① 2格支配の前置詞 〔042〕

statt ～の代わりに　trotz ～にもかかわらず　während ～の間じゅう　wegen ～のために　など

Wegen der Krankheit kommt er nicht zur Schule.　病気のために彼は学校に来ない。

② 3格支配の前置詞 〔043〕

aus ～から　bei ～の近くに、～のところで　mit ～といっしょに、～を使って　nach ～へ（地名）、
～の後で　seit ～以来、～前から　von ～の、～から、～について　zu ～へ（人・建物）　など

Wir fahren **mit dem Auto**.　私たちは車で行く。

③ 4格支配の前置詞 〔044〕

bis ～まで　durch ～を通って　für ～のために　ohne ～なしに　um ～の回りに、～時に　など

Ich gehe **durch den Park**.　私は公園を通っていく。

④ 3・4格支配の前置詞 〔045〕

an ～のきわ	auf ～の上	hinter ～の後ろ
in ～の中	neben ～の横	über ～の上方
unter ～の下	vor ～の前	zwischen ～の間

3格　4格

白丸：与えられた空間
赤丸：対象物

動作の行われる**場所は3格、方向は4格**で表す。

Das Buch liegt **auf dem Tisch**.（3格）その本は机の上にある。

Er legt das Buch **auf den Tisch**.（4格）彼はその本を机の上へ置く。

2 前置詞の融合形 〔046〕

① 前置詞と、「その」という指示力を持たない定冠詞は融合することがある。

am < an dem	ans < an das	bei dem < beim	im < in dem
ins < in das	vom < von dem	zum < zu dem	zur < zu der　など

Am Sonntag gehen wir **ins Kino**.　土曜日に私は映画を見に行く。

6

② 前置詞＋「事物」を受ける人称代名詞は、da ＋前置詞の形に融合される。「人」の場合は融合されない。

Ich fahre mit dem Freund mit dem Auto. 　私は友人といっしょに車で行く。

→　Ich fahre **mit ihm damit**.

▶　前置詞が母音ではじまる場合は、口調上の r を添えて dar ＋前置詞の形となる。

Er legt das Buch **dar**auf. 　彼は本をその上へ置く。

047

3　従属接続詞と副文

文と文を主と従の関係で結ぶ接続詞を**従属接続詞**という。次のようなものがある。

als ～したとき　dass ～ということ　ob ～かどうか　weil ～なので
wenn ～するとき、もし～ならば　など

従属接続詞に導かれる文を**副文**という。副文中では**定動詞は文末**に置かれ、主文との間には**必ずコンマ**が打たれる。

| 主　文 | , | 従属接続詞 | 他の文成分 | 定動詞 | . |

忘れないように！　　　　　　　　　　　副　文

主文：Er ist krank. 彼は病気である。

＋ dass（主文の内容）　→　Wissen Sie, dass er krank ist?

彼が病気であることをご存知ですか？

＋ weil（主文の理由）　→　Er kommt nicht zur Schule, weil er krank ist.

彼は病気なので学校に来ない。

▶　| 副　文 | , | 主　文 | の順では、主文の定動詞は副文の直後（第 2 位）に置かれる。

Weil er krank ist, kommt er nicht zur Schule.
　　　1番目　　　　　2番目

文法プラス

048

イディオムとその表記

動詞や形容詞などが、特定の前置詞とのイディオム（熟語）を成すことがある。

mit *et*[3] (*j*[3]) zufrieden sein 事物[3]（人[3]）に満足している

Ich bin mit *diesem Leben* zufrieden. 　私はこの生活に満足している。

auf *j*[4] (*et*[4]) warten 人[4]（事物[4]）を待つ

Sie wartet schon lange auf *ihn*. 　彼女はもう長く彼を待っている。

▶　イディオムに限らず、不定詞句（不定詞を核とする句）では、不定詞は句末に置かれる。

fleißig Deutsch **lernen** 　熱心にドイツ語を学ぶ

in Tokyo **wohnen** 　東京に住んでいる

Dialog Lukas fragt Mai nach den Museen in Berlin.
ルーカスはまいにベルリンの博物館について尋ねます。

Lukas: Hallo, Mai! Mein Vater liebt Museen. Wo gibt es Museen in Berlin?

Mai: Es gibt 5 Museen auf der Museumsinsel. Die Insel ist in der Stadtmitte am Berliner Dom.

Lukas: Eine Insel? In Berlin? Wie kommen wir zu der Insel?

Mai: Fahrt mit der S1! Mit dem Bus kommt ihr auch auf die Insel.

Lukas: Mein Vater fährt gern mit dem Fahrrad.

Mai: Das ist möglich. Nehmt Fahrräder von „Fahrradstation"! Das Geschäft ist in der Auguststraße neben einem Café. Von hier bis „Fahrradstation" geht ihr nur 3 Minuten.

Lukas: Danke Mai! Es ist gut, dass du mir immer hilfst. Wenn du nach Frankfurt kommst, helfe ich dir auch gern.

050

パートナー練習 例にならって文を作りましょう。

例) A: Entschuldigen Sie bitte! Wie komme ich zum Hauptbahnhof?
すいません。中央駅へはどのように行くのですか？

B: Zuerst gehen Sie diese Straße geradeaus, dann an der ersten Ampel nach rechts, und dann sehen Sie den Hauptbahnhof auf der linken Seite.
まずこの道をまっすぐ行ってください、それから最初の信号のところを右へ、すると左手に中央駅がみえます。

A: Danke schön! ありがとうございます！

〈男性名詞〉	zum	Hauptbahnhof	中央駅	Zoo	動物園	Marktplatz	マルクト広場
〈女性名詞〉	zur	Kirche	教会	Post	郵便局	Polizei	警察署
〈中性名詞〉	zum	Rathaus	市庁舎	Kino	映画館	Museum	博物館

an der ersten / zweiten / dritten Ampel 最初の / 2番目の / 3番目の信号のところを

nach rechts 右へ　　nach links 左へ　　auf der linken Seite 左側に　　auf der rechten Seite 右側に

博物館島

ベルリンの中心部を流れるシュプレー川の広い中州に、5つの博物館がひしめくように並び建つ一角があります。ここは博物館島（Museumsinsel）とよばれ、その規模や歴史的経緯などが評価されて、1999年、ユネスコ世界文化遺産に登録されました。なかでも小アジアの古代都市ペルガモンの祭壇をそのまま館内に移築した「ペルガモン博物館」には、連日多くの観光客が訪れます。

Übungen 6 ✎

1 mit, seit, zu, auf, aus, ins, nach, trotz, für のうち、下線部に適当な前置詞を入れなさい。

1. Ich komme _____ Deutschland.

2. Ich fahre _____ dem Auto

3. _____ des Regens gehen wir _____ Fuß.

4. _____ dem Unterricht gehe ich _____ Kino.

5. Er arbeitet _____ seine Kinder.

6. _____ einem Jahr wohne ich _____ der Insel.

2 下線部に正しい定冠詞を入れなさい。3・4 各支配の前置詞に関する問題です。

1. Peter ist in _____ Zimmer. Der Hund geht in _____ Zimmer.

2. Er geht in _____ Park. Sie wartet in _____ Park auf ihn.

3. Die Zeitung liegt auf _____ Stuhl. Sie legt die Zeitung auf _____ Schreibtisch.

4. Auf _____ Dach sitzen die Vögel. Eine Katze klettert auf _____ Dach.

5. Hängt das Bild schon an _____ Wand? — Nein, ich hänge es morgen an _____ Wand.

6. Steht das Auto vor _____ Haus? — Nein, es ist in _____ Garage.

3 下線部を mit ＋人称代名詞にしなさい。da を用いた融合形となることもあります。

1. Sie spricht gut Japanisch. Ich spreche _____ .

2. Das Auto ist neu. Ich fahre _____ .

3. Der Freund ist nett. Ich spiele _____ .

4. Der Kugelschreiber ist gut. Ich schreibe _____ .

4 dass, ob, weil, wenn のうち、下線部に適当な従属接続詞を入れなさい。

1. Ich frage ihn, _____ er das weiß.

2. _____ ich Geld habe, kaufe ich ein Auto.

3. Ich weiß, _____ heute dein Geburtstag ist.

4. Er kommt heute nicht, _____ er krank ist.

Lektion 7

話法の助動詞・未来形

Müssen wir für das Parken zahlen?

駐車場代はかかるのですか？

1 話法の助動詞

許可、可能、義務、意志などの意味（ニュアンス）をつけ加える助動詞が 6 個ある。

話法の助動詞という。

① 話法の助動詞の現在人称変化

不定詞	dürfen	können	mögen	müssen	sollen	wollen	möchte
主な意味	〜してもよい	〜できる 〜かもしれない	〜だろう 〜が好きだ	〜ねばならない 〜に違いない	〜するべきだ	〜するつもりだ	〜したい
ich	darf	kann	mag	muss	soll	will	möchte
du	darfst	kannst	magst	musst	sollst	willst	möchtest
er	darf	kann	mag	muss	soll	will	möchte
wir	dürfen	können	mögen	müssen	sollen	wollen	möchten
ihr	dürft	könnt	mögt	müsst	sollt	wollt	möchtet
sie	dürfen	können	mögen	müssen	sollen	wollen	möchten
Sie	dürfen	können	mögen	müssen	sollen	wollen	möchten

▶ 主語が単数のときは不規則、複数のときは規則的に変化する。

▶ möchte は mögen の変化形で、話法の助動詞と同じように用いられる。（☞ Lektion 14 ② 接続法第 2 式）

② 助動詞構文（枠構造）

助動詞が定動詞（2 番目か文頭）、本動詞は不定詞となって文末にくる。2 つの動詞成分が他の文成分を前後で囲むこの形を**枠構造**という。

Er kann gut Englisch sprechen .　彼は上手に英語を話すことができる。

枠構造

Darf ich hier fotografieren?　ここで写真を撮ってもいいですか？

Er mag etwa 40 (vierzig) Jahre alt sein.　彼は 40 歳くらいだろう。

Du sollst deine Meinung klar sagen.　君は自分の意見をはっきり言うべきだ。

Im Sommer will ich nach Deutschland fahren.　夏に私はドイツへ行くつもりだ。

Was möchten Sie trinken?　何をお飲みになりますか？

▶ 副文では定動詞が文末にくるため、本動詞＋助動詞の順となる。

Ich weiß, dass er gut Englisch sprechen kann.　私は、彼が英語を上手に話せることを知っている。

副文

2 未来形

未来の助動詞 werden「〜だろう」も不定詞とともに枠構造をつくる。

Hans wird bald kommen .
└─ 枠構造 ─┘

ハンスはもうすぐ来るだろう。

ich	werde	wir	werden
du	wirst	ihr	werdet
er	wird	sie	werden

▶ 未来形は意志や推量を表すことが多い。

Ich werde dich nie vergessen. ぼくは君を決して忘れない。

Sie wird wohl zu Hause sein. 彼女はおそらく家にいるだろう。

▶ 確実な未来は、未来を表す副詞とともに現在形で表現される。

Morgen kommt er zu mir. 明日彼は私のところへ来る。

文法プラス

1. 本動詞としての用法

話法の助動詞は本動詞として単独で用いることがある。

Er kann Deutsch. 彼はドイツ語ができる。

Ich muss nach Hause [gehen]. 私は家に帰らなければならない。

2. 話法の助動詞に準ずる動詞

lassen「〜させる」、sehen「見る」、hören「聞く」なども、話法の助動詞と同じく、不定詞とともに用いることがある。

Er lässt sein Auto reparieren. 彼は車を修理に出す。(a→ä型)

Ich sehe ihn kommen. 私は彼が来るのがみえる。

Man hört aus einem Zimmer ein Mädchen weinen. 部屋から女の子の泣き声が聞こえる。

3. wollen と werden

1人称が主語の時、ともに普通主語の意思を表すが、話法の助動詞 wollen は強い願望表現「（絶対に）〜したい」、未来の助動詞 werden は決意表明「（きっと）〜する」となることが多い。

Ich will es tun. 私はそれをやりたい。

Ich werde es tun. 私がそれをやります（やってみせる）。

Dialog

Lina und ihr Vater sind auf der Museumsinsel.
リナと彼女の父親は博物館島にいます。

Der Vater: Lina, ich möchte zuerst in das Pergamonmuseum gehen. Wo können wir die Fahrräder parken?

Lina: Moment! Wenn ich im Netz suche, werde ich das gleich wissen. Ah, hier an der Spree ist ein Fahrradparkplatz.

Der Vater: Müssen wir für das Parken zahlen?

Lina: Nein, wir können kostenlos parken, wenn wir eine Eintrittskarte für ein Museum haben. Ich möchte die Eintrittskarten für uns kaufen.

Der Vater: Das ist nett. Aber du bist Studentin. Du musst Geld sparen. Ich möchte die Tickets kaufen.

Lina: Danke. Ich möchte aber auch für dich etwas kaufen.

Der Vater: Das kannst du gern machen, wenn du nach deinem Studium Geld hast.

パートナー練習　例にならって文を作りましょう。

例）A: Was möchtest du essen?　　　　君は何を食べたいですか？

　　B: Ich möchte einen Hamburger essen.　私はハンバーガーを食べたいです。

〈男性名詞〉einen	Hamburger	ハンバーガー	Hackbraten	ミートローフ	Käsekuchen	チーズケーキ
〈女性名詞〉eine	Pizza	ピザ	Gulaschsuppe	グヤーシュ	Sachertorte	ザッハートルテ
〈中性名詞〉ein	Curry	カレー	Wiener Schnitzel	ウィーン風カツレツ	Eis	アイス

自転車

ドイツでは颯爽と自転車に乗って通勤をする人の姿をよくみかけます。自宅から職場までの距離が比較的近い人が多いということもありますが、多くの道に自転車専用レーンが設けられていて、快適な走行ができるからです。さらに自転車は環境にやさしく、健康的で、交通費もかかりません。環境問題への意識が高く、万事合理的（経済的にも）な考え方をするドイツ人にとって、自転車はまさに、恰好の乗り物といえるでしょう。国、州、地方自治体も、インフラの整備と充実を中心に、それぞれのレベルで自転車の利用促進に取り組んでいます。また、普通の電車や列車であれば、多少の追加料金を払ってそのまま自転車を持ち込むこともできます（特急列車は予約が必要です。また、一部の特急列車には自転車は持ち込めません）。都市部だけではなく、郊外にも、長いサイクリングロードがライン川やドナウ川、エルベ川やマイン川といった川沿いを中心に多数あります。季節や風を感じながら、美しい町並みや景勝地、古城やぶどう畑を巡る自転車ならではの旅が楽しめるのです。

Übungen 7 ✏️

7

1 カッコ内の話法の助動詞を正しい形にしなさい。

1. Das _____ wahr sein.　　　　　　　　　(mögen)
2. Er _____ sofort zu mir kommen.　　　　(sollen)
3. Wenn du heiratest, _____ du Geld sparen.　(müssen)
4. Was _____ du am Montag machen?　　　(wollen)
5. Man _____ nicht töten.　　　　　　　　(dürfen)
6. _____ du das machen?　　　　　　　　(können)

2 例にならってカッコ内の話法の助動詞を用いた文にかえなさい。

例： Ich mache das.　→　Ich muss das machen.　　(müssen)
　　　私はそれをする。　　　　　私はそれをしなければならない。

1. Helfe ich dir?　　　　　　　　　　　　(sollen)
2. Kommst du heute?　　　　　　　　　　(können)
3. Wir essen jetzt.　　　　　　　　　　　(wollen)
4. Man macht das nicht.　　　　　　　　(dürfen)
5. Der Präsident sagt das.　　　　　　　(müssen)
6. Das ist richtig.　　　　　　　　　　　(mögen)

3 自然な意味となるように、それぞれの頭文字ではじまる話法の助動詞とカッコ内の動詞を用いた文を作りなさい。

1. Ihr s _____ zu Hause _____ .　　　　　　　(bleiben)
2. Er k _____ heute nicht _____ , weil er krank ist.　(kommen)
3. Du d _____ hier nicht _____ . Das ist gefährlich.　(rauchen)
4. Wohin w _____ ihr im Sommer _____ ?　　　(fahren)

4 例にならって単語を並べかえなさい。ただし、カッコ内の助動詞や動詞は正しい形にしましょう。

例： sprechen / ihn / ich / (hören) /.　→　Ich höre ihn sprechen.　私は彼が話すのを聞く。

1. die Antwort / schreiben / er / (werden) /.
2. kommen / ich / sie / (sehen) /.
3. Klavier spielen / wir / die Frau / (hören) /.
4. du / wo / deine Haare / schneiden / (lassen) / ?

複合動詞・再帰・非人称の主語 es

Steig an der Station Wannsee aus!
ヴァンゼー駅で降りるんだよ！

1 複合動詞

前つづりを持つ動詞を**複合動詞**という。前つづりにアクセントのある動詞は分離し（**分離動詞**）、アクセントのない動詞は分離しない（**非分離動詞**）。

（アクセントあり）

| 前 つ づ り | | 基 礎 動 詞 | ：**分離動詞** |

（アクセントなし）

| 前 つ づ り | 基 礎 動 詞 | ：**非分離動詞** |

2 分離動詞

前つづりは基礎動詞と分離して文末に置かれ、枠構造をつくる。

不定詞句：pünktlich in München **ankommen**　　定刻にミュンヘンに到着する　　< án|kommen
到着する

→ Der Zug kommt pünktlich in München an .　　この列車は定刻にミュンヘンに到着する。

枠構造

▶ 辞書では、前つづりと基礎動詞との間に | （分離線）が表記される。

▶ 助動詞構文や副文では分離しない。

Dieser Zug wird pünktlich ankommen.　　この列車は定刻の到着を予定しています。

Ich weiß nicht, ob dieser Zug pünktlich in München ankommt.
この列車がミュンヘンに時間通りに到着するかどうか、私にはわからない。

3 非分離動詞

非分離動詞の前つづりは、基礎動詞と決して分離しない。

be- emp- ent- er- ge- ver- zer-

この 3 つは特に重要

不定詞句：ein Stipendium **bekommen**　　奨学金をもらう　　< bekómmen もらう

→ Er **bekommt** ein Stipendium.　　彼は奨学金をもらう。

Sie **erlebt** eine Enttäuschung.　　彼女は失望する。　　< erlében 体験する

Ich **verstehe** Sie nicht.　　あなたの［言っている］ことがわかりません。　　< verstéhen 理解する

4 再帰

同じ文中で、主語自身を受ける代名詞を**再帰代名詞**といい、この再帰代名詞とともに、あるまとまった意味を表す動詞を**再帰動詞**という。

① 再帰代名詞

1 格（主語）	ich	du	er/sie/es	wir	ihr	sie	Sie
3 格	mir	dir	sich	uns	euch	sich	sich
4 格	mich	dich	sich	uns	euch	sich	sich

▶ 1 人称と 2 人称親称は人称代名詞（☞ 29 ページ）と同じ。3 人称と 2 人称敬称は sich を用いる。

② 再帰動詞の用法

例）ändern

他動詞： 変える Er ändert **ihn**. 彼は（別の）彼を変える。 er ≠ ihn （人称代名詞 4 格）

再帰動詞：変わる Er ändert **sich**. 彼は自分自身を変える。→彼は変わる。 er = sich（再帰代名詞 4 格）

▶ 再帰代名詞は、辞書では 再帰 、r(sich) などと表記されている。

5 非人称の主語 es

自然現象・時間・距離などを表すときは、非人称の主語 es をたてる。

Es regnet. 雨が降る。

Es ist kalt. 寒い。

Wie spät ist **es** jetzt? ― **Es** ist genau sechs Uhr. 今何時ですか？ ― ちょうど 6 時です。

Es ist noch weit von hier. まだここからは遠い。

▶ 非人称の主語 es を用いた熟語表現もある。

Wie geht es Ihnen? ― Danke, [es geht mir] gut. Und Ihnen?
　お元気ですか？　　　　　ありがとう、元気です。あなたは？

Gibt es hier in der Nähe ein Postamt? < geben e ➡ i 型
　この近くに郵便局はありますか？

文法プラス

 分離・非分離動詞

意味によって、基礎動詞と分離したり、分離しなかったりする前つづりがある。これには、durch-, hinter-, über-, unter-, um-, wieder- などがある。

Der Fährmann setzt die Touristen über. 渡し守が観光客たちを対岸へ渡す。

< über|setzen [向こうへ] 渡す

Er übersetzt einen Roman. 彼は小説を翻訳する。 < übersétzen 翻訳する

Dialog

Lukas möchte an den Wannsee fahren.
ルーカスはヴァンゼーに行きたいと思っています。

Lukas: Es ist warm heute. Ich möchte mich heute am Wannsee erholen.
Wie kann ich mit dem Zug fahren?

Mai: Wenn du von der Station Senefelder Platz abfährst, steig in die U2*
ein! Fahr Richtung Ruhleben! Steig am Alexanderplatz in die S7*
Richtung Potsdam um!

Lukas: Danke, ich verstehe. Wo muss ich aussteigen?

Mai: Steig an der Station Wannsee aus!

Lukas: Wo muss ich mir eine Fahrkarte kaufen?

Mai: Die Fahrkarten kauft man sich am Automaten im Bahnhof.

Lukas: Danke. Wie lange dauert es bis Wannsee?

Mai: In etwa 40 Minuten kommst du in Wannsee an.

U2* = U-Bahn Linie 2   S7* = S-Bahn Linie 7

パートナー練習

例にならって文を作りましょう。

例) A: Wann kommt der Zug in <u>Frankfurt</u> an? Wir steigen dort in den ICE nach
<u>Berlin</u> um.

何時にこの列車はフランクフルトに到着するのですか？ 私たちはそこでベルリン行きの **ICE** に乗り
換えるんです。

B: Der Zug kommt in <u>Frankfurt</u> um <u>14.26 Uhr</u> an.

列車はフランクフルトに 14 時 26 分に到着します。

A: Vielen Dank! ありがとうございます！

Frankfurt – Berlin   Hamburg - Bremen   München - Wien

14.26 Uhr (vierzehn Uhr sechsundzwanzig)

 9.43 Uhr (neun Uhr dreiundvierzig)

21.50 Uhr (einundzwanzig Uhr fünfzig)

ヴァンゼー（ヴァン湖）

ヴァンゼーはベルリンの中心からSバーン（電車）で30分ほどのところにある大きな湖で、別荘地とし
ても有名です。ベルリンっ子は夏になるとここに来て、散歩、湖水浴、ボート遊び、ヨットなどを楽し
み、心身をリフレッシュします。しかしよいことばかりではありません。ここはナチス・ドイツの時代、
ユダヤ人絶滅計画を決定した「ヴァンゼー会議」の舞台ともなったのです。

Übungen 8 🖊

8

1 カッコ内の分離動詞 / 非分離動詞を正しい形にしなさい。必要がない場合は×を入れなさい。

1. Wir ＿＿＿＿＿＿ gleich am Alexanderplatz ＿＿＿＿＿. (an|kommen)

2. Er ＿＿＿＿＿ sich am Wannsee ＿＿＿＿. (erholen)

3. Du musst nicht in Berlin ＿＿＿＿＿. Du ＿＿＿＿＿ in Potsdam ＿＿＿. (um|steigen)

4. Ich ＿＿＿＿＿ ein Geschenk ＿＿＿＿. (bekommen)

5. Wenn ich aus dem Haus gehe, ＿＿＿＿＿ ich die Tür ＿＿＿. (ab|schließen)

6. ＿＿＿＿＿ du dich ＿＿＿ ? — Ja, ich muss mich ＿＿＿＿＿. (entscheiden)

2 例にならって話法の助動詞を取った文を作りなさい。

例：Wir wollen heute einkaufen. → Wir kaufen heute ein. 私たちは今日買い物をする。

1. Er soll in Hamburg umsteigen.

2. Wir müssen das Spiel gewinnen.

3. Du darfst jetzt mitkommen.

4. Ich will dich nicht vergessen.

3 カッコ内の再帰代名詞のうち、正しいものを選びなさい。

1. Sie interessiert ＿＿＿＿ für dich. (sich, ihr, sie)

2. Ich putze ＿＿＿＿ die Nase. (mir, mich, ihn)

3. Er verletzt ＿＿＿＿ an der Hand. (dich, mich, sich)

4. Ich kaufe ＿＿＿＿ ein Auto. (mir, mich, sich)

5. Du wäschst ＿＿＿＿ die Haare. (mir, dir, dich)

6. Du wäschst ＿＿＿＿. (mir, dir, dich)

> sich[4] für[4] interessieren
> 　　　　　…に興味を持つ
> sich[3] die Nase putzen
> 　　　　　鼻をかむ
> sich[4] verletzen けがをする
> sich[3] et[4] kaufen
> 　　　（自分用に）…を買う
> sich[3] die Haare waschen
> 　　　　　髪を洗う
> sich[4] waschen 体を洗う

4 カッコ内の単語を並べかえて文を完成させなさい（文頭にくる語も小文字で表記してあります）。

1. (regnet / jetzt / es / ?)

2. (einen / es gibt / Bus / nur /.)

3. (geht / es / wie / dir / ?)

4. (danke /es / mir / geht /gut /, /.)

Lektion 9　形容詞

Ein netter Verwandter von mir wohnt hier.

私のやさしい親戚がここに住んでいます。

1　形容詞の格変化

形容詞は名詞の前では語尾がつく。冠詞の有無とその種類によって、次の 3 つに分類される。

🎧 066 ① 形容詞 ＋ 名詞 ［冠詞（類）なし］：**強変化**

	男	女	中	複
1 格	guter　Vater	gute Mutter	gutes Kind	gute　Kinder
2 格	guten　Vaters	guter Mutter	guten Kind[e]s	guter Kinder
3 格	gutem Vater	guter Mutter	gutem Kind	guten Kindern
4 格	guten　Vater	gute　Mutter	gutes　Kind	gute　Kinder

▶　男性 2 格と中性 2 格で -en となる以外は、定冠詞類（☞ 28 ページ）と同じ語尾。

🎧 067 ② 定冠詞（類）＋ 形容詞 ＋ 名詞：**弱変化**

	男	女	中	複
1 格	der　gute　Vater	die gute　Mutter	das gute　Kind	die　guten Kinder
2 格	des　guten Vaters	der guten Mutter	des guten Kind[e]s	der　guten Kinder
3 格	dem guten Vater	der guten Mutter	dem guten Kind	den guten Kindern
4 格	den　guten Vater	die gute　Mutter	das gute　Kind	die　guten Kinder

▶　男性 1 格、女性 1 格と 4 格、中性 1 格と 4 格の 5 箇所で -e、他はすべて -en となる。

🎧 068 ③ 不定冠詞［類］＋ 形容詞 ＋ 名詞：**混合変化**

	男	女	中	複
1 格	ein△　guter　Vater	eine gute　Mutter	ein△　gutes Kind	meine　guten Kinder
2 格	eines　guten Vaters	einer guten Mutter	eines guten Kind[e]s	meiner guten Kinder
3 格	einem guten Vater	einer guten Mutter	einem guten Kind	meinen guten Kindern
4 格	einen　guten Vater	eine gute　Mutter	ein△　gutes Kind	meine　guten Kinder

▶　男性 1 格、中性 1 格、中性 4 格の 3 箇所で強変化、他はすべて弱変化となる。

2 形容詞の比較変化

規　則　的			不　規　則		
原　　級	比　較　級	最　高　級	原　　級	比　較　級	最　高　級
klein　小さい	kleiner	kleinst	nah　近い	näher	nächst
jung　若い	jünger	jüngst	hoch　高い	höher	höchst
alt　古い	älter	ältest	gut　よい	besser	best
groß　大きい	größer	größt	viel　多い	mehr	meist

▶　比較級と最高級では変音するものが多い。

▶　発音をなめらかにするために、語尾などが多少変わることがある。

▶　名詞の前では、原級と同じ語尾がつく。

原級：das **gute** Zimmer　　　そのよい部屋

比較級：das **bessere** Zimmer　　そのもっとよい部屋

最高級：das **beste** Zimmer　　　そのいちばんよい部屋

3 比較の表現

① so ＋原級＋ wie：wie 以下と同じ［くらい］～

Hans ist **so alt wie** ich.　　ハンスはぼくと同じ年だ。

② 比較級＋ als：als 以下よりも～

Karl ist **älter als** ich.　　カールはぼくよりも年が上だ。

③ der/die/das –ste と am –sten：もっとも～

Aber Thomas ist **der Älteste**.　　でもトーマスがいちばん年上だ。

Aber Thomas ist **am ältesten**.

文法プラス

形容詞の名詞化

形容詞は頭文字を大文字にすることで名詞となる。**男性・女性・複数は「人」**を、**中性は「事物」**を表す。

	男	女	中	複
1格	der Gute よい(男の)人 ein Guter	die Gute よい(女の)人 eine Gute	das Gute よい物・事 Gutes	die Guten よい人たち Gute

Der **Deutsche** ist mein **Bekannter**.　　そのドイツ人（男性）は私の知人だ。

Steht etwas **Neues** in der Zeitung?　　新聞になにか新しいことが載っていますか？

45

Dialog Lina trifft einen Bekannten aus Frankfurt.
リナはフランクフルト出身の知人と出会います。

Lina:	Hallo! Was machst du denn hier in Berlin?
Der Bekannte:	Hallo, Lina! Du bist hier! Ich freue mich. Ein netter Verwandter von mir wohnt hier.
Lina:	Berlin ist eine tolle Stadt. Es gibt interessante Leute und eine internationale Atmosphäre.
Der Bekannte:	Und nette Zufälle gibt es so wie jetzt. Frankfurt ist auch so international wie Berlin, weil wir den großen Flughafen haben.
Lina:	Richtig. Gibt es eine berühmte Spezialität in Berlin?
Der Bekannte:	Du musst mal die Berliner Currywurst probieren. Ein richtiger Berliner muss diese traditionelle Wurst essen.
Lina:	Danke für den Tipp. Wir sehen uns dann bald in unserem schönen Frankfurt wieder. Tschüs!
Der Bekannte:	Ja, gern. Ich wünsche dir schöne Tage hier. Tschüs!

パートナー練習 例にならって文を作りましょう。

例）A: Ich suche einen Anzug. Wie findest du den blauen Anzug hier?
　　スーツを探しているんだ。こっちの青いスーツなんかどう？

　　B: Gut. Ich finde aber diesen grauen Anzug besser.
　　いいんじゃない。でもこのグレーのスーツのほうがいいと思うわ。

〈男性名詞〉einen / den - diesen	Anzug スーツ	Rock スカート	Hut 帽子
〈女性名詞〉eine / die - diese	Bluse ブラウス	Jacke ジャケット	Hose ズボン
〈中性名詞〉ein / das - dieses	Kleid ドレス	T-Shirt Tシャツ	Hemd シャツ

blau 青　grau グレー　beige ベージュ　rot 赤　grün 緑　gelb 黄　weiß 白　schwarz 黒

カレーソーセージ

カレーソーセージ（Currywurst）はベルリンっ子にとってソウルフードのひとつです。市内のあちらこちらに専門店や屋台があり、人気のある店の前にはいつも行列ができています。ソーセージには「皮あり（mit Darm）」と「皮なし（ohne Darm）」があり、どちらかを選んで注文します。揚げ焼きにしたソーセージを輪切りにし、その店ならではのトマトソースとカレーパウダーをかけて提供されます。味が濃いこともあって、多くの客はパン（Brötchen）やフライドポテト（Pommes）もいっしょに注文します。ベルリンには「カレーソーセージ博物館」もあり、入場券には博物館内で食べるソーセージの料金も含まれています。

Übungen 9 ✏️

9

1 下線部に正しい形容詞の語尾を入れなさい。原級を使った問題です。

1. Deutsch＿＿＿ Bier schmeckt gut.

2. Mit nett＿＿＿ Freunden ist das Leben besser.

3. Wann kommt der letzt＿＿＿ Zug nach Berlin?

4. Während einer lang＿＿＿ Pandemie wird er dicker.

5. Der neu＿＿＿ Präsident ist ein schön＿＿＿ Mann.

6. Neuschwanstein ist ein berühmt＿＿＿ Schloss in Bayern.

2 カッコ内の形容詞を正しく変化させなさい。比較級を使った問題です。

1. Ein Auto fährt ＿＿＿＿＿ als ein Fahrrad.　(schnell)

2. Der Deutschlehrer ist ＿＿＿＿＿ als der Englischlehrer.　(nett)

3. Eine Portion Essen ist in Deutschland ＿＿＿＿＿ als in Japan. (groß)

4. Das neue Haus ist ＿＿＿＿＿ als das alte Haus.　(hoch)

5. Meine Schwester kocht ＿＿＿＿＿ als ich. (gut)

6. Liechtenstein ist ein viel ＿＿＿＿＿ Land als Deutschland. (klein)

3 カッコ内の形容詞を正しく変化させなさい。最高級を使った問題です。

1. Er ist in der Familie am ＿＿＿＿＿ . (klein)

2. Du bist der ＿＿＿＿＿ Fußballer in unserem Team. (gut)

3. Tokyo ist die ＿＿＿＿＿ Stadt in Japan. Tokyo ist am ＿＿＿＿＿ . (groß)

4. Das Baby ist am ＿＿＿＿＿ . Es ist das ＿＿＿＿＿ Kind der Familie. (jung)

4 カッコ内にある形容詞を正しく名詞化しなさい。

1. Der ＿＿＿＿＿ von meinem Vater kommt morgen.　(bekannt)

2. Die ＿＿＿＿＿ sind auch in Deutschland sehr zahlreich.　(alt)

3. Man soll immer zuerst das ＿＿＿＿＿ sehen. (gut)

4. Ein ＿＿＿＿＿ hat 1000 Wünsche, ein ＿＿＿＿＿ hat nur einen Wunsch.
   Er will gesund werden. (gesund, krank)

Lektion 10 動詞の3基本形・過去人称変化

Ostberlin war Hauptstadt der DDR.
東ベルリンは東ドイツの首都でした。

🎧 074 **1** 動詞の3基本形

不定詞、過去基本形、過去分詞を**動詞の3基本形**という。3つのタイプがある。

① 規則変化動詞（弱変化動詞）

不定詞	過去基本形	過去分詞	
語幹 en	語幹 te	ge 語幹 t	
lernen	lernte	gelernt	学ぶ
arbeiten	arbeitete	gearbeitet	働く（☞ Lektion 1：文法プラス①）

② 不規則変化動詞1（強変化動詞）

不定詞	過去基本形	過去分詞	
□ en	×	ge (×) en	
trinken	trank	getrunken	飲む
kommen	kam	gekommen	来る

③ 不規則変化動詞2（混合変化動詞）

不定詞	過去基本形	過去分詞	
□ en	× te	ge × t	
wissen	wusste	gewusst	知っている

④ 最も重要な動詞の3基本形

不定詞	過去基本形	過去分詞
sein	war	gewesen
haben	hatte	gehabt
werden	wurde	geworden

🎧 075 **2** 注意すべき動詞の3基本形

① 過去分詞に ge- のつかない動詞

1. 非分離動詞

不定詞	過去基本形	過去分詞	
erleben	erlebte	△ erlebt	体験する
bekommen	bekam	△ bekommen	もらう

2. –ieren に終わる外来動詞

不定詞	過去基本形	過去分詞	
studieren	studierte	△ studiert	［大学で］学ぶ

② 分離動詞

例) 不定詞　　　　　過去基本形　　　　過去分詞

ab|holen　　　　holte ... **ab**　　　**ab**geholt　　　　迎えに行く

（　holen　　　　holte　　　　　　geholt　）

an|kommen　　　kam ... **an**　　　**an**gekommen　　　到着する

（　kommen　　　kam　　　　　　gekommen　）

Er holte mich vom Bahnhof ab.　彼は私を駅まで迎えに来てくれた。

Als ich in Berlin ankam, schneite es.　ベルリンに到着したとき、雪が降っていた。

3　動詞の過去人称変化

076

不定詞		lernen	kommen	sein	haben	werden
過去基本形		lernte	kam	war	hatte	wurde
ich	-	lernte	kam	war	hatte	wurde
du	-st	lerntest	kamst	warst	hattest	wurdest
er	-	lernte	kam	war	hatte	wurde
wir	-[e]n	lernten	kamen	waren	hatten	wurden
ihr	-t	lerntet	kamt	wart	hattet	wurdet
sie	-[e]n	lernten	kamen	waren	hatten	wurden
Sie	-[e]n	lernten	kamen	waren	hatten	wurden

▶　ich と er は過去基本形、それ以外は現在人称変化とほぼ同じ語尾がつく。

文法プラス

077

話法の助動詞の3基本形

不 定 詞	過去基本形	過 去 分 詞	
		本 動 詞	助 動 詞
dürfen	durfte	gedurft	dürfen
können	konnte	gekonnt	können
mögen	mochte	gemocht	mögen
müssen	musste	gemusst	müssen
sollen	sollte	gesollt	sollen
wollen	wollte	gewollt	wollen

▶　おおむね規則的に変化するが、過去分詞に2つの形がある。本動詞として用いられた場合は ge- のついた形、本来の助動詞として他の動詞の不定詞を伴う場合は、不定詞と同形となる。（☞ Lektion 11 文法プラス2）

Dialog

Der Vater von Lina spricht mit Mai über die Teilung Berlins.
リナの父はまいにベルリンの分割について話します。

Mai: Wieso teilte man Berlin in Ostberlin und Westberlin?

Der Vater: Die Sieger des 2.* Weltkrieges teilten sich die Hauptstadt des Verlierers.

Westberlin gehörte zur BRD. Ostberlin war Hauptstadt der DDR.

Mai: Aber die Westberliner waren von einer Mauer umgeben*. Das war ja wie ein Gefängnis.

Der Vater: Ja, aber sie konnten in die BRD fahren. Sie durften mit dem Flugzeug, mit dem Auto oder mit dem Zug in die BRD reisen. Die DDR-Bürger hatten dieses Recht nicht.

Mai: Baute man 1949 auch die Berliner Mauer?

Der Vater: Nein, der Mauerbau 1961 war das Ergebnis der Fluchtbewegung in den Westen. Die DDR musste ihre Grenze schließen, weil viele Menschen in die BRD gingen.

Mai: Danke, das wusste ich nicht.

des 2.* = des zweiten 2 番目の（☞ 10 ページ：序数）

waren ... umgeben* 取り囲まれていた（☞ Lektion 12 ①②状態受動）

パートナー練習　例にならって文を作りましょう。

例）A: Wo warst du gestern Abend?　　　　昨晩はどこにいたの？

B: Ich war im Kino.　　　　　　　　　映画館にいた。

im Kino 映画館に　　im Restaurant レストランに　　in einem Fußballstadion サッカースタジアムに

bei meinem Freund / bei meiner Freundin 友人のところに　　bei meinen Eltern 両親のところに

東西ドイツとベルリンの壁

1945 年 5 月 8 日の無条件降伏によって、ドイツは戦勝四カ国であるアメリカ・イギリス・フランス・ソ連に分割占領されました。同時に首都ベルリンもまた、西側三カ国による西ベルリンと、ソ連による東ベルリンに分割管理されることになったのです。その後 1949 年には西側占領 3 地区の統合により西ドイツ（ドイツ連邦共和国：BRD）が、同年、ソ連占領地区から東ドイツ（ドイツ民主共和国：DDR）が建国され、西ベルリンは社会主義国の中にあって、完全な陸の孤島となりました。やがて東ドイツ政府は西ベルリンを経由して西側へ流出する人々を阻止するためにベルリンの壁を建設します。1961 年のことです。この壁は 28 年もの間多くの人々を苦しめましたが、1989 年に崩壊し、東西ドイツの統一が、それを契機に一気に進んでゆくのです。

Übungen 10

1 表を完成させなさい。不定詞に * がついている動詞は不規則動詞です。

不 定 詞	過 去 基 本 形	過 去 分 詞	意 味
kaufen			
		gewartet	
*	sprach		
*		gedacht	
sein*			
*	hatte		
*		geworden	
verstehen*			
	telefonierte		
auf|stehen*			

2 カッコ内の動詞を正しい過去の形にしなさい。* がついている動詞は不規則動詞です。

1. Anna ＿＿＿ Jura. Hans und Karl ＿＿＿ Soziologie. (studieren)
2. Heute ist er BRD-Bürger. Früher ＿＿＿ er DDR-Bürger. (sein*)
3. Damals ＿＿＿ es hier ein großes Kaufhaus. (geben*)
4. Ich ＿＿＿ im April Student an dieser Universität. (werden*)
5. Wir ＿＿＿ nach Hause. (gehen*)
6. Ich ＿＿＿ nicht, dass du das ＿＿＿. (wissen*, sein*)

3 カッコ内の複合動詞を正しい過去の形にしなさい。* がついている動詞は不規則動詞です。

1. Das Ende des Krieges ＿＿＿ er nicht. (erleben)
2. Die Sache ＿＿＿ vor einem Jahr. (beginnen*)
3. Er ＿＿＿ mich vom Bahnhof ＿＿＿. (ab\|holen)
4. Gestern ＿＿＿ wir um 5.00 Uhr ＿＿＿. (auf\|stehen*)

4 カッコ内の話法の助動詞を正しい過去の形にしなさい。

1. Ich ＿＿＿ das damals nicht wissen. (können)
2. Ihr ＿＿＿ ein Lehrbuch für Deutsch kaufen. (müssen)
3. Du ＿＿＿ Ingenieur werden, aber du ＿＿＿ das nicht. (sollen, wollen)
4. Wir ＿＿＿ ihn, weil er gut Fußball spielen ＿＿＿. (mögen, können)

Lektion 11 完了形

Ich habe heute die Berliner Mauer gesehen.
今日私はベルリンの壁をみてきました。

 **1 現在完了**

| haben/sein の現在人称変化 | …… | 過去分詞 （文末） |

枠構造

lernen 学ぶ

ich habe …
du hast …
er hat …　　… gelernt
wir haben …
ihr habt …
sie haben …

kommen 来る

ich bin …
du bist …
er ist …　　… gekommen
wir sind …
ihr seid …
sie sind …

Ich habe gestern Tennis gespielt. < spielen　私は昨日テニスをした。

Sind Sie schon einmal in Nikko gewesen?　< sein　日光にいらしたことはおありですか？

Er ist eben in Berlin angekommen.　< an|kommen　彼はベルリンに到着したところだ。

▶ 会話や報道文など、過去の出来事を生き生きと表現したいときは、過去形ではなく現在完了形を用いるのがふつうである。（主に話し言葉における過去表現）

▶ 過去形は、現在と切り離された過去のことがらを表す。物語で多用される。（主に書き言葉における過去表現）

▶ ただし haben, sein, 話法の助動詞は、話し言葉における過去表現でも過去形が多用される。

2　haben と sein の使い分け

① haben をとる動詞：すべての他動詞と多くの自動詞

② sein をとる動詞：自動詞の一部

　　1）場所の移動（行く・来る型）： gehen 行く　kommen 来る　fallen 落ちる　など

　　2）状態の変化（なる型）：　　 werden 〜になる　sterben 死ぬ　など

　　3）その他：　　　　　　　　 sein 〜である　bleiben とどまる　など

▶ 他動詞は 4 格目的語をとる動詞、自動詞は 4 格目的語をとらない動詞のことをいう。

▶ 完了の助動詞に sein をとる動詞は、辞書では 完了 sein, (s) などと記されている。

文法プラス

081

1. 過去完了

haben/sein の過去人称変化 …… 過去分詞 （文末）

枠構造

lernen 学ぶ	kommen 来る
ich hatte …	ich war …
du hattest …	du warst …
er hatte … } … gelernt	er war … } … gekommen
wir hatten …	wir waren …
ihr hattet …	ihr wart …
sie hatten …	sie waren …

Es war schon dunkel geworden, als ich aus dem Haus ging. < werden, gehen
家を出たときにはもう暗くなっていた。

▶　過去完了形は、過去のある時点において、完了していたことがらを表す。

082

2. 話法の助動詞の現在完了

現在　　　　　　　→　　　　　　　現在完了

Er kann Deutsch. 　　　　　Er hat Deutsch gekonnt. 　　　　（本動詞）

Er kann Deutsch sprechen. 　Er hat Deutsch sprechen können. 　（助動詞）

▶　話法の助動詞の過去分詞は 2 つある。（☞ Lekton 10 文法プラス）

083

3. 未来完了

werden の現在人称変化 …… 過去分詞 +haben/sein （文末）

枠構造

Bis morgen werde ich das Buch gelesen haben.
明日までにはこの本を読み終えているだろう。　 < lesen

Inge wird wohl krank gewesen sein. インゲはおそらく病気だったのだろう。

▶　未来完了形は、未来において完了しているであろう事柄や、完了した事柄に対する推量を表す。

▶　過去分詞 +haben/sein を、完了不定詞という。

Dialog

Lukas hat die Berliner Mauer gesehen.
ルーカスはベルリンの壁を見てきました。

Lukas: Mai, ich habe heute die Berliner Mauer gesehen. Bist du schon zur Mauer gegangen?

Mai: Ja, in Japan habe ich die Mauer schon einmal gesehen.

Lukas: Wie bitte? In Japan? Ist dort eine Mauerausstellung gewesen?

Mai: Nein. Ein Manager der deutschen Firma TÜV Rheinland* hat mit dem Schiff ein Mauerteil nach Japan gebracht. Es steht auf dem Gelände der Firma zwischen den Bahnhöfen Center Kita und Kita Yamata an der Green Line in Yokohama.

Lukas: Hast du dort Eintritt bezahlt?

Mai: Nein, wir sind einfach zu der Mauer gegangen, haben sie angefasst und fotografiert. Man muss dort nicht Eintritt bezahlen.

Firma TÜV Rheinland* テュフ・ラインランド社（工業製品の安全試験・認証などを提供する検査機関）

085 **パートナー練習** 例にならって文を作りましょう。

例）A: Was hast du am Wochenende gemacht? 週末は何をしたの？

B: Ich <u>habe</u> bei McDonald's <u>gejobbt</u>. マクドナルドでアルバイトをした。

Ich <u>bin</u> ins Kino <u>gegangen</u>. 映画を観に行った。

〈完了の助動詞：haben〉

bei McDonald's jobben	— gejobbt	マクドナルドでアルバイトをする
die Museumsinsel besuchen	— besucht	博物館島を訪れる
Fußball spielen	— gespielt	サッカーをする

〈完了の助動詞：sein〉

ins Kino gehen	— gegangen	映画を観に行く
nach Wannsee fahren	— gefahren	ヴァンゼーへ行く
in Frankreich sein	— gewesen	フランスにいる

ベルリンの壁見学

西ベルリンをぐるりと囲んでいた壁は、現在でもいくつかの場所で見ることができます。シュプレー川沿いにある全長1.3キロメートルにも及ぶ「イーストサイドギャラリー」は、ベルリンが東西に分断されていた重苦しい時代を思い起こさせます。東西ベルリンの境界線に位置していたベルナウアー通りにも壁の一部が残っています。また、かつては東西ベルリンの国境検問所であった「チェックポイント・チャーリー」のすぐ横には「ベルリンの壁博物館」があります。ここにはベルリンの壁の歴史や、東から西へ逃げようとした人々のさまざまな記録、脱出を試みた際に使われた道具などが展示されています。

Übungen 11 ✏

1 下線部に完了の助動詞 haben または sein の正しい形を書き入れ、現在完了の文を作りなさい。

1. Ich _____ ein Haus gekauft.

2. _____ dein Sohn nach Deutschland gefahren?

3. Wir _____ lange geschlafen.

4. _____ du gestern früh eingeschlafen?

5. Thomas _____ das vergessen.

6. Wann _____ ihr angekommen?

2 全文を現在完了の文に書きかえなさい。

1. Wir lernen Deutsch.

2. Sie trinkt Tee.

3. Ich bezahle den Eintritt.

4. Die Mauer steht hier.

5. Wir sind fleißig.

6. Die Vase fällt um.

3 下線部に完了の助動詞 haben または sein の正しい形を書き入れ、過去完了の文を作りなさい。

1. Nachdem er Deutsch an der Uni studiert _____, ging er nach Deutschland.

2. Bevor er sie heiratete, _____ er schon eine Glatze gehabt.

3. Erst nachdem die Berliner Mauer gefallen _____, konnte man sich eine Vereinigung beider deutscher Staaten vorstellen.

4. Bevor mein Bruder auf die Welt kam, _____ es immer ruhig in unserem Haus gewesen.

4 下線部にカッコ内の動詞の過去分詞を入れて文を完成させなさい。

1. Er wird die Arbeit schon _____ haben.   (machen)

2. Morgen um diese Zeit werde ich in Deutschland _____ sein.

                                                                   (an|kommen)

3. Ich habe das nie _____ .   (können)

4. Ich habe das nie schaffen _____ .   (können)

受動態・zu 不定詞・分詞

Es ist eine Ehre, an dieser Uni zu studieren.
この大学で学べることは名誉です。

🎧 086 **1** 受動態

① 動作受動「～される」

$$\boxed{\text{werden}} \cdots\cdots \boxed{\text{過去分詞}}（文末）$$
枠構造

能動文：<u>Der Chef</u> lobt ihn.　上司が彼をほめる。

受動文：<u>Er</u> wird <u>von dem Chef</u> gelobt.　< loben　彼は上司にほめられる。

▶ 能動文の 4 格目的語（点線）は受動文の 1 格主語、能動文の 1 格主語（実線）は受動文では von ＋ 3 格（動作主：一般的には人）または durch ＋ 4 格（原因・仲介）で表される。

Hiroshima und Nagasaki wurden durch Atombomben zerstört.　< zerstören　破壊する

② 状態受動「～された状態である（～されている）」

$$\boxed{\text{sein}} \cdots\cdots \boxed{\text{［他動詞の］過去分詞}}（文末）$$
枠構造

動作受動：Die Tür wird geöffnet.　< öffnen　ドアが開けられる。

状態受動：Die Tür ist geöffnet.　ドアが開いている。

🎧 087 **2** zu 不定詞

① zu 不定詞句（zu 不定詞を核とする句）

einmal nach Deutschland **zu fahren**　いつかドイツへ行くこと

mich morgen noch einmal **anzurufen**　< an|rufen　私に明日もう一度電話をすること

▶ zu 不定詞は句末に置かれる。

▶ 分離動詞の zu 不定詞は、前つづりと基礎動詞との間に zu が入り、一語として綴られる。

Es ist mein Traum, einmal nach Deutschland **zu fahren**.
　いつかドイツへ行くことがわたしの夢です。

Hast du Lust, mit mir ins Kino **zu gehen**?　いっしょに映画を観に行く気ある？

Er hat mir versprochen, mich morgen noch einmal **anzurufen**.　< versprechen
　私に明日もう一度電話をすると、彼は私に約束した。

② um ＋ zu 不定詞「～するために」、ohne ＋ zu 不定詞「～することなしに」、(an)statt ＋ zu
　不定詞「～する代わりに」

Ich spare Geld, **um** einen neuen Computer **zu kaufen**.
　新しいコンピュータを買うために、私はお金を貯めている。

Sie verließ den Raum, **ohne** ein Wort **zu sagen**. < verlassen

彼女は一言も言わずに部屋を出て行った。

Er geht ins Schwimmbad, **statt** ans Meer **zu fahren**. 彼は海へ行く代わりにプールに行く。

③ haben+zu 不定詞「〜しなければならない」

Bis morgen **habe** ich ein Referat **zu schreiben**.

明日までに私はレポートを書かなければならない。

④ sein+zu 不定詞「〜され得る」（受動の可能）、「〜されるべきである」（受動の義務）

Dieses Problem **ist** nicht leicht **zu lösen**.　この問題を解決するのは容易ではない。

Der Student **ist** eher **zu loben**.　その学生はむしろほめられるべきだ。

3 分詞

① 現在分詞：不定詞＋d「〜しながら」「〜している」（継続・未完了）

不定詞：singen 歌う　>　現在分詞：singend 歌いながら、歌っている

Das Kind geht **singend** nach Haus.　　その子は歌いながら家に帰る。

Das **singende** Kind dort ist so süß.　　あそこで歌っている子はとてもかわいい。

▶ 現在分詞は形容詞のように用いるため、名詞の前では語尾がつく。

② 過去分詞：「〜された」「〜した」（受動・完了）

ein **gekochtes** Ei < kochen　　　　　　ゆで卵

die **vergangenen** Tage　< vergehen　　過ぎ去った日々

▶ 過去分詞も形容詞のように用いることがある。

文法プラス

1. 自動詞の受動態

能動文：Er hilft dem Kind.　< helfen　e ➡ i 型　彼はその子を助ける。

受動文：Es wird dem Kind von ihm geholfen.　その子は彼に助けられる。

▶ 自動詞は 4 格目的語を取らないため、形式上の主語 es をたてる。

▶ この es は文頭以外では消失する。Dem Kind wird von ihm geholfen.

2. 受動態の時制

現在：Er wird von dem Chef gelobt.

過去：Er wurde von dem Chef gelobt.

未来：Er wird von dem Chef gelobt werden.

現在完了：Er ist von dem Chef gelobt worden.

過去完了：Er war von dem Chef gelobt worden.

▶ 受動の助動詞 werden の過去分詞は worden となる。

▶ werden は完了の助動詞に sein をとる動詞である。

Dialog Mai spricht über ihr Studium in Berlin
まいはベルリンでの勉学について話します。

Lukas: Mai, warum studierst du denn in Berlin?

Mai: Die Humboldt-Universität ist mir empfohlen worden.

Lukas Ja, es ist eine Ehre, an dieser Uni zu studieren.

Mai: Es wird mir auch viel von den Professoren geholfen.

Lukas: Nicht nach Berlin zu fahren ist ein Fehler.

Mai: Berlin ist ideal, um die Nachkriegsgeschichte zu studieren.

Lukas: Ohne die Geschichte und Kultur eines Landes zu kennen, kann man die Sprache nicht lernen.

Mai: Ja, die Sprache ist ohne Landeskenntnisse nicht zu lernen. Aber auch helfende Freunde, Deutsch sprechende Bekannte oder gut erklärende Professoren sind wichtig.

Lukas: Ja, ich freue mich, dass du das alles hier hast.

パートナー練習 例にならって文を作りましょう。

例）A: Was ist dein Traum? 君の夢は何ですか？

B: Es ist mein Traum, in Deutschland zu studieren.
ドイツに留学することがわたしの夢です。

in Deutschland zu studieren	ドイツに留学すること
um die Welt zu reisen	世界中を旅すること
Computerspiele zu entwickeln	コンピュータゲームを作ること
Illustrator/Illustratorin zu werden	イラストレーターになること
YouTuber/YouTuberin zu werden und Geld zu verdienen	ユーチューバーになってお金を稼ぐこと
bequem zu leben, ohne zu arbeiten	仕事をせずに楽に暮らすこと

フンボルト大学ベルリン（Humboldt-Universität zu Berlin）

ドイツ最古の大学は 1386 年に設立されたハイデルベルク大学です。市内には罪を犯した学生たちを投獄した学生牢が今も残っています。フンボルト大学は 1810 年、言語学者のヴィルヘルム・フォン・フンボルトが中心となり、当時プロイセン王国の首府であったベルリンに創立されました。当初の名称はフリードリヒ・ヴィルヘルム大学（Friedrich-Wilhelms-Universität）でしたが、東ドイツの統治下でフンボルト大学と改称されました。近代大学のモデルとされ、ヘーゲル、グリム兄弟、ロベルト・コッホ、アルベルト・アインシュタインなどの著名人もここで教鞭をとりました。

Übungen 12 ✏️

1 全文を受動文に書きかえなさい。すべて現在形です。

1. Er lernt die Sprache.

2. Sie spricht Deutsch.

3. Wir studieren die Nachkriegsgeschichte.

4. Peter empfiehlt die Uni.

5. Die Soldaten zerstören die Stadt.

6. Der Professor hilft den Studenten.

2 全文を能動文に書きかえなさい。

1. Das Ufo wird von dir gesehen. （現在形）

2. Das Auto wird von dem Kran gehoben. （現在形）

3. Den Angestellten wird von der Kollegin Schokolade geschenkt. （現在形）

4. Die Kinder wurden von der Frau gelobt. （過去形）

5. Es wurde dem Arzt von allen vertraut. （過去形）

6. Die Schuhe sind von dem Schuhmacher repariert worden. （現在完了形）

3 例にならってカッコ内の語を主語にした、zu 不定詞を用いた文を作りなさい。

例：interessant sein (es) ― Deutsch lernen　　　　おもしろい ― ドイツ語を学ぶ

　　→　Es ist interessant, Deutsch zu lernen.　　ドイツ語を学ぶことはおもしろい。

1. Lust haben (ich) ― jetzt ins Café gehen

2. wichtig sein (es) ― immer neugierig sein

3. studieren (wir) ― einen Job bekommen　　　　（um+zu 不定詞で）

4. eine Reise machen (er) ― Geld haben　　　　（ohne+zu 不定詞で）

4 分詞に関する問題です。日本語の意味に合うようにカッコ内の不定詞を適切な形にしなさい。

1. Er telefoniert ＿＿＿＿＿ mit seiner Frau.

　　　　　　　　彼はタバコを吸いながら妻と電話をしている。(rauchen)

2. Sei still! Das ＿＿＿＿＿ Baby wacht auf.

　　　　　　　　静かに！眠っている赤ちゃんが目を覚まします。(schlafen)

3. Ich habe den ＿＿＿＿＿ PC bekommen.

　　　　　　　　私は注文していたパソコンを受け取った。(bestellen)

4. Er holt das ＿＿＿＿＿ Buch.　彼は忘れた本を取ってくる。(vergessen)

指示代名詞・関係代名詞

Der ist auch in Japan bekannt. その人は日本でも有名です。

🎧 **1** 指示代名詞
093

	男	女	中	複
1 格	der	die	das	die
2 格	dessen	deren	dessen	deren
3 格	dem	der	dem	denen
4 格	den	die	das	die

① 人称代名詞の代用・強調

人称代名詞：**Er** ist der Täter. 彼が犯人だ。

指示代名詞：**Der** ist der Täter. あいつが犯人だ。

② 同語反復の省略

Mein Wunsch ist auch **der** meines Mannes. 私の願いは私の夫のそれでもあります。

③ 近接指示

Er isst mit seinem Freud und **dessen** Frau im Restaurant. < essen

彼は彼の友人と、その［友人の］妻といっしょにレストランで食事をする。

④ 紹介の **das**

Das ist Herr Yamada. こちらが山田さんです。

▶ この **das** は紹介されるものの性と数を問わない。

Das ist Frau Yamada. / Das sind Herr und Frau Yamada.

🎧 **2** 定関係代名詞
094

先行詞をもつ関係代名詞を**定関係代名詞**という。変化は指示代名詞と同じである。

Der Mann,
- der dort steht — あそこに立っている
- dessen Haar lang ist — 髪の長いその
- dem sie danken — 彼らが礼を言っている
- den du suchst — 君が探している
- mit dem sie spricht — 彼女が話をしている

, ist mein Bruder. 男性は私の兄です。

▶ 定関係代名詞の性と数は先行詞と同じ。格は関係文中での関係代名詞の役割によって決まる。

▶ 関係文は副文であるから、定動詞は文末に置き、主文とはコンマで区切る。

▶ 関係代名詞は前置詞を伴うことがある。

3 不定関係代名詞

先行詞を必要としない関係代名詞を**不定関係代名詞**という。**wer**「（およそ）〜する人」と**was**「（およそ）〜する事・物」がある。

1格	wer	was
2格	wessen	—
3格	wem	—
4格	wen	was

Wer viele Freunde hat, [der] ist glücklich.　友人がたくさんいる人［その人］は幸せである。

Was er sagt, [das] ist wahr.　彼が言っていること［それ］はほんとうだ。

▶ 後続する文の先頭に指示代名詞が置かれ、関係文を受けることがある。

▶ was は alles「〜のすべて」、etwas「何かあるもの」、nichts「何も〜ない」、などを先行詞とすることがある。

Ich habe Ihnen **alles** erzählt, **was** ich weiß.　知っていることはすべてお話ししました。

文法プラス

1. 疑問代名詞（変化は不定関係代名詞と同じ）

Wer ist der beliebteste Schauspieler in dieser Gruppe?
　この中で1番人気のある俳優は誰ですか？

Was ist das? — Das ist Hanafuda, eine japanische Spielkarte.
　これはなんですか？　—　これは花札、日本のトランプです。

2. 指示代名詞と定関係代名詞の見分け方

Ich habe eine Katze, die badet sehr gern.　　　die：指示代名詞
　私は猫を飼っているが、そいつはお風呂が大好きだ。

Ich habe eine Katze, die sehr gern badet.　　　die：定関係代名詞
　私はお風呂が大好きな猫を飼っている。

▶ 指示代名詞と定関係代名詞との違いは、定動詞の位置による。

3. 関係副詞 wo

Er verließ die Stadt, wo er vier Jahre studiert hat. < verlassen
　彼は4年間大学で学んだ町を後にした。

Irgendwann wird die Zeit kommen, wo der Mensch im Weltraum leben wird.
　やがては人類が宇宙で暮らす時代が来るだろう。

▶ 「場所」や「時」に関する先行詞があるときは、関係副詞 wo を用いることがある。

Dialog Lukas und Mai unterhalten sich über einen Professor.
ルーカスとまいは、ある教授について話します。

Lukas: Ich studiere in Frankfurt bei einem Professor, der mir viel über Berlin erzählt.

Mai: Ist Berlin vielleicht die Stadt, aus der er kommt?

Lukas: Wer er ist oder woher er kommt, sagt er uns nicht genau.

Mai: Das sind doch Informationen, die du im Internet erfahren kannst.

Lukas: Er ist ein Japaner, der nicht so gern über sich erzählt.

Mai: Wie ist denn der Name des Mannes, über den du sprichst?

Lukas: Das ist Professor Kuriyama.

Mai: Der ist auch in Japan bekannt. Wer dein Fach studiert, muss ihn kennen.

Lukas: Richtig. Der scheint wirklich berühmt zu sein.

パートナー練習　例にならって文を作りましょう。

例）A: Wer ist er?　　　　　　　　　　　　彼は誰ですか？

B: Er ist ein Japaner, der sehr bekannt ist.　彼はとても有名な日本人です。

〈男性名詞〉 er / ein Japaner, ein Deutscher, ein Amerikaner / der	
〈女性名詞〉 sie / eine Japanerin, eine Deutsche, eine Amerikanerin / die	
sehr bekannt sein	とても有名である
in meiner Nachbarschaft wohnen	家の近所に住んでいる
an der Universität Geschichte lehren	大学で歴史を教えている

ドイツの教育制度と大学

日本の小学校にあたる４年間の基礎学校（Grundschule）を終えると、子供たちはギムナジウム（Gymnasium）、実科学校（Realschule）、基幹学校（Hauptschule）、いずれかの上級学校に進学します（この３つの学校形態を包含した総合学校（Gesamtschule）もあり、どの上級学校に進むかを決めかねている場合は、そこに入ることもできます）。これは学業成績、本人や親の希望、教師の助言などによって決定されます。大学への進路を希望する場合は、ギムナジウムに入ります。ギムナジウムは８年間、ないしは９年間の教育を受けたのち、卒業試験であるアビトゥーア（Abitur）をもって修了します。アビトゥーアに合格すると、それが同時に大学への入学資格となり、希望する大学や学科を自由に選ぶことができます。ただし人気のある大学や学科には定員制限があり、その場合は Abitur で一定以上の成績を取っていることが必要になります。ちなみにドイツの大学はそのほとんどが国立大学で、授業料は無償です。

Übungen 13 ✏️

1 下線部に適当な指示代名詞を入れなさい。

1. Peter und Inge sind verheiratet. _____ sind glücklich.
2. Wo ist denn Hiroshi? _____ habe ich schon lange nicht gesehen.
3. Ich suche das Buch von Anna. Das muss ich _____ bis morgen zurückgeben.
4. Den Mann kenne ich. Ich habe mit _____ zusammen studiert.
5. Da sind 2 Amerikaner. Möchtest du mit _____ sprechen?
6. Die Leute haben mir geholfen. Ich möchte mich bei _____ bedanken.

2 例にならって2文を適当な関係代名詞を用いて結びつけなさい。

例：Das ist das Handy. Das Handy habe ich gestern gekauft.

→ Das ist das Handy, das ich gestern gekauft habe.
これが、ぼくが昨日買った携帯電話です。

1. Gibt es einen Arzt? Der Arzt kann Japanisch sprechen.
2. Er kommt mit dem Auto. Er hat das Auto gekauft.
3. Das Haus ist schön. Das Haus ist am Meer.
4. Der Mann sieht gut aus. Der Mann ist verheiratet.
5. Das ist das Kind. Ich kenne den Vater des Kindes.
6. Hier sind die Kinder. Die Mutter der Kinder ist nicht da.

3 下線部に適当な定関係代名詞を入れなさい。

1. Das ist das Auto, für _____ ich spare.
2. Die Menschen, mit _____ wir gesprochen haben, waren nett.
3. Die Reise, von _____ er lange geträumt hatte, hat er nun verwirklicht.
4. Die Stadt, in _____ ich umgezogen bin, gefällt mir.

4 下線部に適当な不定関係代名詞を入れなさい。

1. _____ viel Geld hat, der braucht nicht zu sparen.
2. _____ er gesagt hat, das wird sie nicht vergessen.
3. _____ man nicht in der Jugend lernt, das wird man nicht mehr lernen.
4. _____ einmal in München war, wird diese Stadt immer lieben.

14

接続法

Er meinte, er wolle zum Arzt.
彼は、医者に診てもらいたいと言いました。

---

1 接続法第 1 式

① 接続法第 1 式現在人称変化　基本形：不定詞の語幹＋ e

不定詞		lernen	gehen	haben	werden	sein
接・1 基本形		lerne	gehe	habe	werde	seie
ich	-	lerne	gehe	habe	werde	sei △
du	-st	lernest	gehest	habest	werdest	sei[e]st
er	-	lerne	gehe	habe	werde	sei △
wir	-n	lernen	gehen	haben	werden	seien
ihr	-t	lernet	gehet	habet	werdet	seiet
sie	-n	lernen	gehen	haben	werden	seien

▶ ich と er で基本形、他は語尾がつく。sein は唯一の例外。

② 接続法第 1 式の用法

　　1）要求話法

　　Der Mensch sei edel!　人間は気高くあれ！

　　Das neue Jahr bringe dir viel Glück!　新年の御多幸を祈ります！

　　Sprechen Sie noch langsamer!　もっとゆっくりと話してください！

▶ 要求話法は、「～であれ！」「～するように！」といった要求や願望を表す。

▶ 2 人称敬称の Sie に対する命令表現（☞ Lektion 4）は、接続法第 1 式である。

　　2）間接話法

直接話法	⇔	間接話法

Er sagte: „Ich jobbe am Abend."　　　　Er sagte, er jobbe am Abend.
　彼は言った。「夕方にバイトがあるんだ」　　　彼は、夕方にバイトがあると言った。

Ich fragte ihn: „Kommst du auch mit?"　Ich fragte ihn, ob er auch mitkomme.
　私は彼に尋ねた。「君もいっしょにくるかい？」　私は彼に、[彼も] いっしょにくるかどうかを尋ねた。

Sie fragt mich: „Warum schweigst du?"　Sie fragt mich, warum ich schweige.
　彼女は私に尋ねる。「なぜ黙っているの？」　　彼女は私に、なぜ私が黙っているのか尋ねる。

▶ 間接話法に英語のような時制の一致はない。

▶ 間接疑問文は、直接話法に疑問詞がないときは ob 「～かどうか」を、疑問詞があるときはそれを用いる。そのため、間接疑問文は副文となる。

2 接続法第2式

 ① 接続法第2式現在人称変化　基本形：過去基本形＋e

不定詞		lernen	gehen	haben	werden	sein
過去基本形		lernte	ging	hatte	wurde	war
接・2基本形		lernte	ginge	hätte	würde	wäre
ich	-	lernte	ginge	hätte	würde	wäre
du	-st	lerntest	gingest	hättest	würdest	wärest
er	-	lernte	ginge	hätte	würde	wäre
wir	-n	lernten	gingen	hätten	würden	wären
ihr	-t	lerntet	ginget	hättet	würdet	wäret
sie	-n	lernten	gingen	hätten	würden	wären

▶　過去基本形が e で終わるときは e を重ねない。

▶　過去基本形の幹母音が a,o,u,au の不規則変化動詞はウムラウトする。

 ② 接続法第2式の用法

1）非現実話法

Wenn ich Zeit hätte, ginge ich ins Kino.　［もし］時間があれば、映画を観に行くのだが。

Hätte ich Zeit, würde ich ins Kino gehen.

▶　非現実話法は「もし～であれば」という、実現不可能な願望や、反事実を表す。

▶　wenn が省略されると、接続法の形となった定動詞は文頭に置かれる。

▶　結論部は würde を用いた未来の形をとることが多い。

2）外交的表現

Ich hätte eine Bitte an Sie.　あなたにひとつお願いがあるのですが。

Was möchten Sie trinken?　＜ mögen　何をお飲みになりますか？

▶　口語では、接続法第2式を用いて婉曲な表現をすることがある。（☞ Lektion 7）

文法プラス

 接続法の時制

直説法		接続法第1式／第2式	
現在	Er geht.	Er gehe / ginge.	現在
過去	Er ging.		
現在完了	Er ist gegangen.	Er sei / wäre gegangen.	過去
過去完了	Er war gegangen.		
未来	Er wird gehen.	Er werde / würde gehen.	未来

▶　接続法の過去表現には、過去、現在完了、過去完了の区別はなく、完了の形を取る。

Dialog

Mai fragt den Vater von Lukas.
まいはルーカスの父親に尋ねます。

Mai:	Hallo, wo ist denn Luki? Ich habe ihn seit vorgestern nicht mehr gesehen.
Der Vater:	Er sagte, er habe sich nicht gut gefühlt. Er meinte, er wolle zum Arzt.
Mai:	Hat er einen Arzt in Berlin gefunden? Ich hätte ihm gern einen Arzt empfohlen.
Der Vater:	Ja, wenn er gesund wäre, würde er gern in Berlin bleiben. Aber er meinte, es sei besser, zum Hausarzt in Frankfurt zu gehen.
Mai:	Wie geht es ihm jetzt?
Der Vater:	Er muss jetzt ein paar Tage zu Hause bleiben. Er sagt, er könne nicht nach Berlin kommen.
Mai:	Schade, ich hätte ihn gern noch näher kennengelernt.

パートナー練習　例にならって文を作りましょう。

例）A: Was für ein Zimmer möchten Sie?　どんな部屋がお望みですか？

　　B: Ich hätte gern ein Einzelzimmer mit Dusche.
　　　　シャワーつきのシングルルームをお願いします。

ein Einzelzimmer	シングルルーム	ein Doppelzimmer	ダブルルーム
ein Zweibettzimmer	ツインルーム		
mit ↔ ohne Dusche / Bad	シャワー / バスタブ　つき ↔ なし		

もっとドイツ語

- DAAD（Deutscher Akademischer Austauschdienst）ドイツ学術交流会

https://www.daad.jp/ja/

ドイツ留学に関するさまざまな情報が得られます。

- Goethe-Institut ゲーテ・インスティトゥート（ドイツ文化センター）

https://www.goethe.de/ins/jp/ja/sta/tok.html

留学を目指し、本格的にドイツ語を学びたい人は必見です。所在地はドイツ学術交流会と同じです。

- ドイツのテレビ局、インターネット放送

https://ikaten.squidtv.net/worldtv/europe/germany/#01

ドイツのテレビをみるならここをのぞいてみてください。さまざまな地方局のリンクも集められています。

- ドイツのインターネットラジオ、ウェブラジオ

https://doi2.net/deutsch/radio.html

ドイツのラジオは、ここから聴けます。お気に入りの放送局や番組をさがしてみてください。

Übungen 14

1 例にならって直説話法の文を、接続法第 1 式を用いた間接話法の文にしなさい。

例：Er sagte: „Ich bin müde. Ich habe großen Hunger."

→ Er sagte, <u>er sei müde. Er habe großen Hunger.</u>
　　　彼は、疲れた、おなかもぺこぺこだと言った。

1. Er sagte: „Ich habe die Frau immer geliebt."

→ Er sagte, ...

2. Mein Freund sagt zu mir: „Ich will es für dich tun."

→ Mein Freund sagt mir, ...

3. Ich fragte ihn: „Nimmst du ein Taxi?"

→ Ich fragte ihn, ...

4. Peter fragte Anna: „Wo wohnst du?"

→ Peter fragte Anna, ...

2 例にならって下線部に接続法第 2 式にした動詞を入れなさい。

例：Ich bin reich. Ich kann mir ein Schloss kaufen.

→ Wenn ich reich wäre, könnte ich mir ein Schloss kaufen.
　　　もしぼくが裕福であれば、城を買うことができるのに。

1. Ich bin mutig. Ich werde kämpfen.

→ Wenn ich mutig ...., ... ich kämpfen.

2. Ich habe keine Krankheit. Ich bin froh.

→ Wenn ich keine Krankheit ...., ... ich froh.

3. Er ist ein Pilot. Er kann viel Geld verdienen.

→ Wenn er ein Pilot ...., ... er viel Geld verdienen.

4. Wir halten ein Pferd. Unsere Tochter kann reiten.

→ Wenn wir ein Pferd ...., ... unsere Tochter reiten.

5. Du wohntest in Deutschland. Ich besuchte dich.

→ Wenn du in Deutschland gewohnt ...., ... ich dich besucht.

6. Er war fleißig. Er schloss die Uni ab.

→ Wenn er fleißig gewesen ...., ... er die Uni abgeschlossen.

主要不規則動詞変化表

不定詞	直説法現在	過去基本形	過去分詞（現在完了形）
befehlen 命令する	du befiehlst er befiehlt	**befahl**	Er **hat** mir **befohlen**, mit ihm zu kommen. 彼は私にいっしょにくるように命じた。
beginnen 始める、始まる		**begann**	Das Konzert **hat** um sieben Uhr **begonnen.** コンサートは7時に始まった。
bieten 提供する		bot	Der Chef **hat** mir eine neue Chance geboten. 上司は私にもう一度チャンスをくれた。
binden 結ぶ		**band**	Ich **habe** meinen Hund an den Baum **gebunden.** 私は犬を木につないだ。
bitten 頼む		bat	Sie **hat** mich um Hilfe **gebeten.** 彼女は私に助けを求めた。
bleiben とどまる		blieb	Wegen des Regens **sind** wir zu Hause geblieben. 雨なので私たちはずっと家にいた。
brechen 折る、破る	du brichst er bricht	brach	Er **hat** sein Wort gebrochen. 彼は約束を破った。
bringen 持ってくる		brachte	Der Freund **hat** mir Blumen gebracht. 友人が私に花を持って来てくれた。
denken 考える		dachte	Da **habe** ich gleich an dich gedacht. その時私はすぐに君のことを思い出した。
dürfen 〜してもよい	ich darf du darfst er darf	durfte	Warum **hast** du es nicht tun **dürfen?** なぜそれをすることが許されなかったの？ Warum **hast** du es nicht **gedurft?** なぜそれが許されなかったの？
empfehlen 勧める	du empfiehlst er empfiehlt	**empfahl**	Das Buch, das du **empfohlen hast**, war interessant. 君が勧めてくれた本はおもしろかった。
essen 食べる	du isst er isst	aß	**Haben** Sie schon **gegessen?** もう食事はお済みですか？
fahren ［乗物で］行く	du fährst er fährt	fuhr	Er **ist** mit dem Zug nach Dresden gefahren. 彼は列車でドレスデンへ行った。
fallen 落ちる	du fällst er fällt	fiel	Alle Blätter **sind** gefallen. 木の葉はすっかり落ちてしまった。

不定詞	直説法現在	過去基本形	過去分詞（現在完了形）
fangen 捕まえる	du fängst er fängt	**fing**	Die Polizei **hat** den Dieb auf der Stelle **gefangen**. 警察は泥棒をすぐに捕まえた。
finden 見つける		**fand**	Endlich **haben** wir den richtigen Weg **gefunden**. ついに私たちは正しい道を見つけた。
fliegen 飛ぶ		**flog**	Gestern **ist** er nach Österreich **geflogen**. 昨日彼は飛行機でオーストリアへ行った。
geben 与える	du gibst er gibt	**gab**	Mein Freund **hat** mir einen Rat **gegeben**. 友人が私に助言をしてくれた。
gehen 行く		**ging**	Ich **bin** bis zur Universität immer zu Fuß **gegangen**. 私は大学までいつも歩いて行った。
gelingen うまくいく		**gelang**	Die Arbeit **ist** mir gut **gelungen**. 仕事はうまくいった。
genießen 楽しむ		**genoss**	Wir **haben** den Urlaub sehr **genossen**. 私たちは休暇をおおいに楽しんだ。
geschehen 起こる	es geschieht	**geschah**	Was **ist geschehen**? 何が起きたんだ？
gewinnen 獲得する、勝つ		**gewann**	Sie **haben** das Fußballspiel zwei zu eins **gewonnen**. 彼らはサッカーの試合に2対1で勝った。
greifen つかむ		**griff**	Die Musik **hat** mir ans Herz **gegriffen**. その音楽は私を感動させた。
haben 持っている	du hast er hat	**hatte**	Wir **haben** Glück **gehabt**. 私たちは幸運だった。
halten 保つ	du hältst er hält	**hielt**	Er **hat** sein Versprechen **gehalten**. 彼は約束を守った。
hängen 掛かっている 掛ける		**hing**	Ein schönes Bild **hat** an der Wand **gehangen**. 美しい絵が壁に掛かっていた。
heben 持ち上げる		**hob**	Jeder Teilnehmer **hat** das Glas **gehoben**. 出席者はおのおの（グラスを上げて）乾杯した。
heißen 〜という名である 名づける		**hieß**	Die Eltern **haben** das Kind Hermann **geheißen**. 両親はその子にヘルマンという名前をつけた。

不定詞	直説法現在	過去基本形	過去分詞（現在完了形）
helfen 助ける	du hilfst er hilft	half	**Er hat** mir immer **geholfen**. 彼は私をいつも助けてくれた。
kennen 知っている		kannte	**Ich habe** die Welt noch nicht **gekannt**. 私は世間知らずだった。
kommen 来る		kam	**Für Sie ist** Post **gekommen**. 郵便がきていましたよ。
können ～できる	ich kann du kannst er kann	konnte	**Das habe** ich nicht sehen **können**. 私はそれを見ることができなかった。 **Das habe** ich nicht **gekonnt**. 私にはそれができなかった。
laden 積む	du lädst er lädt	lud	**Er hat** große Schuld auf sich **geladen**. 彼は大きな罪を負った。
lassen ～させる 放っておく	du lässt er lässt	ließ	**Ich habe** mein Auto reparieren **lassen**. 私は車を修理に出した。 **Wo habe** ich mein Auto **gelassen**? 車をどこに置いたかな？
laufen 走る	du läufst er läuft	lief	**Er ist** wie der Wind **gelaufen**. 彼は風のように走っていった。
leiden 苦しむ		litt	**Als Kind habe** ich an Asthma **gelitten**. 子供の頃私は喘息に苦しんだ。
leihen 借りる、貸す		lieh	**Hast** du von ihr das Heft **geliehen**? 彼女からノートを借りた？
lesen 読む	du liest er liest	las	**Haben** Sie den Roman schon **gelesen**? その長編小説をもう読まれましたか？
liegen 横たわっている		lag	**Ich habe** drei Tage **gelegen**. 私は三日間寝たきりだった。
lügen 嘘をつく		log	**Warum hast** du **gelogen**? なぜ嘘をついたんだ？
mögen ～だろう 好きである	ich mag du magst er mag	mochte	**Sie hat** keinen Fisch essen **mögen**. 彼女は魚を食べるのが好きではなかった。 **Sie hat** keinen Fisch **gemocht**. 彼女は魚が好きではなかった。
müssen ～ねばならない	ich muss du musst er muss	musste	**Ich habe** nach Hause gehen **müssen**. **Ich habe** nach Hause **gemusst**. 私は家に帰らねばならなかった。

不定詞	直説法現在	過去基本形	過去分詞（現在完了形）
nehmen 取る	du nimmst er nimmt	nahm	Wir **haben** ein Taxi **genommen**. 私たちはタクシーを拾った。
nennen 名づける		nannte	Man **hat** Bismarck „den Eisernen Kanzler" **genannt**. ビスマルクは『鉄血宰相』と呼ばれた。
raten 助言する	du rätst er rät	riet	Dein Vater **hat** dir zum Besten **geraten**. 君のお父さんは君のためを思って言ってくれたんだよ。
reiten 馬に乗る		ritt	Ich **bin** nur einmal **geritten**. 私は一度だけ馬に乗ったことがあります。
rufen 呼ぶ		rief	Die Krankenschwester **hat** sofort den Arzt **gerufen**. 看護師はすぐに医者を呼んだ。
scheinen 輝く、〜に見える		schien	Der Mond **hat** hell ins Zimmer **geschienen**. 月光が明るく部屋の中へ差し込んでいた。
schlafen 眠る	du schläfst er schläft	schlief	**Hast** du gut **geschlafen**? よく眠れた？
schlagen 打つ	du schlägst er schlägt	schlug	Die Uhr **hat** zwölf **geschlagen**. 時計が12時を打った。
schließen 閉じる		schloss	Der Taxifahrer **hat** die Tür **geschlossen**. タクシーの運転手はドアを閉めた。
schneiden 切る		schnitt	Sie **hat** Gemüse in die Suppe **geschnitten**. 彼女は野菜を切ってスープに入れた。
schreiben 書く		schrieb	Er **hat** seinem Vater einen Brief **geschrieben**. 彼は父親に手紙を書いた。
schreien 叫ぶ		schrie	Das Baby **hat** nach der Mutter **geschrien**. 赤子は母親を求めて泣き叫んだ。
schweigen 黙っている		schwieg	Das Mädchen **hat** vor Scham **geschwiegen**. 少女は恥かしくて黙っていた。
schwimmen 泳ぐ		schwamm	Er **ist/hat** im Schmetterlingsstil **geschwommen**. 彼はバタフライで泳いだ。
sehen 見る	du siehst er sieht	sah	Wir **haben** uns lange nicht **gesehen**. お久しぶりです。
sein 〜である	ich bin wir sind du bist ihr seid er ist sie sind	war	**Sind** Sie einmal in Japan **gewesen**? 日本に行かれたことがありますか？

不定詞	直説法現在	過去基本形	過去分詞（現在完了形）
singen 歌う		sang	Sie **hat** „Heidenröslein" auf Deutsch **gesungen**. 彼女は『野ばら』をドイツ語で歌った。
sinken 沈む		sank	Die Stadt **ist** in tiefen Schlaf **gesunken**. 街は深い眠りについていた。
sitzen 座っている		saß	Die ganze Nacht **hat** er am Schreibtisch **gesessen**. 夜通し彼は机に向かっていた。
sollen 〜すべきである	ich soll du sollst er soll	sollte	Was **habe** ich sagen sollen? 私は何を言えばよかったのだろう? Was **habe** ich **gesollt**? 私はどうすればよかったのだろう?
sprechen 話す	du sprichst er spricht	sprach	Die Engländerin **hat** fließend Deutsch **gesprochen**. そのイギリス人女性は流暢にドイツ語を話した。
springen 跳ぶ		sprang	Er **ist** ins Wasser **gesprungen**, um das Kind zu retten. 彼は子供を救おうと水に飛び込んだ。
stechen 刺す	du stichst er sticht	stach	Eine Mücke **hat** mich ins Bein **gestochen**. 蚊が私の足を刺した。
stehen 立っている		stand	Das **hat** in der Zeitung **gestanden**. それは新聞に載っていた。
stehlen 盗む	du stiehlst er stiehlt	stahl	Ein Junge **hat** ihr das Portmonee **gestohlen**. 少年が彼女から財布を盗んだ。
steigen のぼる		stieg	Die Preise **sind** gestiegen. 物価が上がった。
sterben 死ぬ	du stirbst er stirbt	starb	Mein Großvater **ist** mit 90 Jahren **gestorben**. 祖父は90才でこの世を去りました。
tragen 運ぶ	du trägst er trägt	trug	Der Täter **hat** eine Brille und einen Bart **getragen**. 犯人は眼鏡をかけ、髭を生やしていた。
treffen 当たる、出会う	du triffst er trifft	traf	Heute **habe** ich Alex zufällig in der Stadt **getroffen**. 今日アレックスと街でばったり会った。
treiben 追い立てる		trieb	Der Regen **hat** uns ins Café **getrieben**. 雨にふられて私たちは喫茶店に逃げ込んだ。
treten 歩む	du trittst er tritt	trat	Sie **ist** singend ins Zimmer **getreten**. 彼女は歌いながら部屋に入っていった。

不定詞	直説法現在	過去基本形	過去分詞（現在完了形）
trinken 飲む		trank	Gestern Abend **habe** ich zu viel **getrunken**. 昨晩は飲み過ぎた。
tun する		tat	**Hast** du wirklich dein Bestes **getan**? ほんとうにベストをつくしたのかい？
vergessen 忘れる	du vergisst er vergisst	vergaß	Ich **habe** meinen Schirm **vergessen**. 傘を忘れた。
verlieren 失う		verlor	Ich **habe** meinen Schlüssel **verloren**. 鍵をなくした。
wachsen 成長する	du wächst er wächst	**wuchs**	Ihr Kind **ist** aber **gewachsen**! お子さん、大きくなられましたね！
waschen 洗う	du wäschst er wäscht	**wusch**	**Hast** du dir die Hände **gewaschen**? 手を洗った？
werden ～になる	du wirst er wird	wurde	Er **ist** Lehrer **geworden**. 彼は教師になった。 Er **ist** von dem Lehrer gelobt **worden**. 彼は教師にほめられた。（受動態）
werfen 投げる	du wirfst er wirft	**warf**	Die Bäume **haben** lange Schatten **geworfen**. 木々が長い影を落としていた。
wissen 知っている	ich weiß du weißt er weiß	wusste	**Haben** Sie schon gewusst, dass er schwer krank ist? 彼が重病であることをもうご存知だったのですか？
wollen ～するつもりだ	ich will du willst er will	wollte	Ich **habe** es tun wollen. 私はそれをするつもりだった。 Ich **habe** es gewollt. 私はそれを望んでいた。
ziehen 引く		zog	Meine Frau **hat** mich am Ärmel gezogen. 妻は私の袖を引っぱった。
zwingen 強いる		**zwang**	Ich **habe** mich zur Ruhe **gezwungen**. 私は努めて平静をよそおった。

（赤字は特に重要な 50 の不規則変化動詞）

森　公成（もり　こうせい）
Frank Riesner（フランク・リースナー）

ⓒ ドイツ語の泉

2024 年 2 月 10 日　初版発行　　定価 本体 2,300 円（税別）

著　者　　森　　公　　成
　　　　　Frank Riesner
発行者　　近　藤　孝　夫
印刷所　　萩原印刷株式会社
発行所　　株式会社 同　学　社
〒112-0005　東京都文京区水道 1-10-7
電話 (03)3816-7011(代表) 振替 00150-7-166920

ISBN978-4-8102-0977-8　　　　　　Printed in Japan